图解足球运动
从入门到精通
（视频学习版）

人邮体育 主编　代斌 编

人民邮电出版社
北京

图书在版编目（CIP）数据

图解足球运动从入门到精通：视频学习版 / 人邮体育主编；代斌编. -- 北京：人民邮电出版社，2023.6
ISBN 978-7-115-60750-8

Ⅰ．①图… Ⅱ．①人… ②代… Ⅲ．①足球运动－运动训练－教材 Ⅳ．①G843.2

中国国家版本馆CIP数据核字(2023)第057777号

免责声明

作者和出版商都已尽可能确保本书技术上的准确性以及合理性，并特别声明，不会承担由于使用本出版物中的材料而遭受的任何损伤所直接或间接产生的与个人或团体相关的一切责任、损失或风险。

内 容 提 要

本书由北京工业大学优秀青年教师、具有丰富教学经验的代斌老师编写，致力于为读者提供系统的足球学习和教学参考。本书首先讲解了足球场地、装备选择、比赛规则、安全指南等基础知识，方便读者了解足球；然后以图文解读的形式重点介绍了足球技术及训练方法，涉及球感训练、停球技术、踢球技术、盘带技术、战略战术、团队训练、守门员技术以及体能训练等，并提供了部分技术动作的展示视频，读者扫描书中二维码即可观看，清晰易懂，方便学习。本书可以有效帮助足球学习者轻松入门并不断进阶，帮助足球教练、体育老师丰富教学方法，提升教学水平。

◆ 主　　编　人邮体育

　　编　　　代　斌

　　责任编辑　林振英

　　责任印制　马振武

◆ 人民邮电出版社出版发行　　北京市丰台区成寿寺路 11 号

　　邮编　100164　　电子邮件　315@ptpress.com.cn

　　网址　https://www.ptpress.com.cn

　　临西县阅读时光印刷有限公司印刷

◆ 开本：700×1000　1/16

　　印张：18　　　　　　　　　　　2023 年 6 月第 1 版

　　字数：466 千字　　　　　　　　2023 年 6 月河北第 1 次印刷

定价：99.80 元

读者服务热线：**(010)81055296**　印装质量热线：**(010)81055316**
反盗版热线：**(010)81055315**
广告经营许可证：京东市监广登字 20170147 号

在线视频访问说明

为了帮助读者更好地掌握动作技术，本书提供了大部分动作的演示视频，具体可通过以下步骤在线观看。

步骤 1

点击微信功能菜单上的"扫一扫"（图1），扫描技术动作讲解页面上的二维码。

步骤 2

扫描后直接进入视频观看页面（图2）。

图 1

图 2

扫描右侧二维码添加企业微信。

1. 首次添加企业微信，即刻领取免费电子资源。

2. 加入体育爱好者交流群。

3. 不定期获取更多图书、课程、讲座等知识服务产品信息，

以及参与直播互动、在线答疑和与专业导师直接对话的机会。

目录

第4章　踢球技术

第5章 盘带技术

第6章 战略战术

第8章
守门员技术

第9章
热身及体能训练

作者简介

（特殊说明：书中绘制的部分插图，未严格按照比例绘制，仅作为示意图辅助读者阅读。）

第1章
足球运动

现代足球起源于英国，具有对抗性强、战术多变、参与人数多等特点，是世界上最受欢迎、普及度最高的运动项目之一。本章介绍了足球的相关知识，包括场地、球员、装备、比赛规则等，为之后的训练打下良好的理论基础。

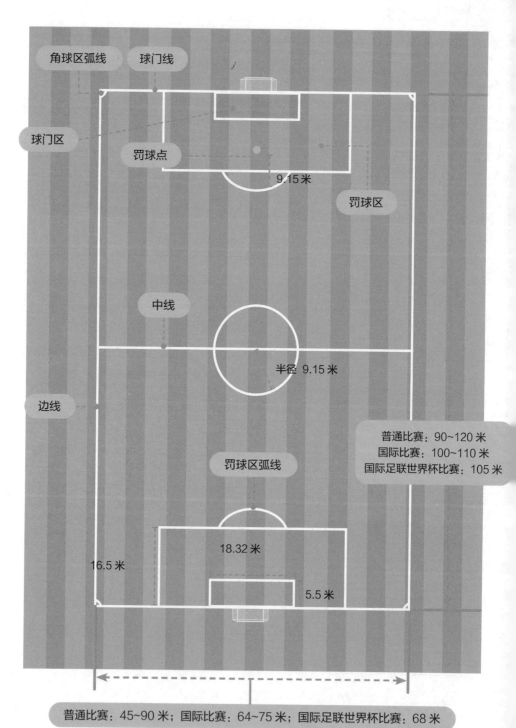

角球区弧线　　球门线

球门区

罚球点

9.15米

罚球区

中线

半径 9.15米

边线

普通比赛：90~120 米
国际比赛：100~110 米
国际足联世界杯比赛：105 米

罚球区弧线

18.32米

16.5米

5.5米

普通比赛：45~90 米；国际比赛：64~75 米；国际足联世界杯比赛：68 米

名称	图片	介绍
球门与球网		在场地两端的球门线中央，各布置有一球门。标准的球门规格为：高 2.44 米、长 7.32 米，并具有一定深度。如果足球被踢过球门线且进入球门，进攻球队得分。 在球门的两侧与后方都要挂上由白色纤维线编织而成的球网，其具有一定弹性，且是松弛状态。11 人比赛中，球网由 1278~1864 个网格组成，网格可以是四边形的，也可以是六边形的。
场地材质	人造草坪 天然草坪	标准足球场上都需铺设草坪，草坪可分为人造草坪与天然草坪。正式比赛时，应该选择铺设天然草坪的场地。 天然草坪比较柔软，能较好地保护运动员，避免其摔倒时被擦伤。天然草坪容易受到天气的影响，且需要经常进行修剪。人造草坪的特点与之相反。
角旗、中线旗		赛场的四个角会插上角旗，中线的两端则插有中线旗。这些旗子的高度应该不低于 1.5 米（不包括插入地下部分），并在旗杆顶端固定着用布或绸料制成的旗帜。旗帜的长、宽分别为 50 厘米、40 厘米。

正式足球比赛中，对阵双方需各派出 11 名球员，其中必须包含 1 名守门员。一场比赛的替补球员不得多于 3 名。如果有球员被替换下场，则该球员不能再在这场比赛中上场。如果在比赛期间出现判罚，在保证每队至少有 7 人在场上后，比赛才能进行。

场上，每名球员都有各自的位置与分工，球员需要各司其职、相互配合、随机应变，以保证阵形的完整性与灵活性。各个位置的主要职责如下。

◉ 前卫球员一般都是队伍中的核心人物，是防守的屏障，也是进攻的纽带，并在攻防转换中起着关键性的作用。其主位置在锋线球员与卫线球员之间的区域，负责中场，以在防守时在中场拦截对手，或在进攻时给前锋创造进攻机会，协助得分。

◉ 中锋是前锋的一种，活动于对方禁区周围，且一般处在球场中央，距离对方球门较近。其职责为突破射门或接传中球射门，是队伍中的主要得分手，也是由攻转守时队伍的第一防线。

◉ 边锋是前锋中负责前场边路的球员。其主要负责从边路突破对方的防线，到中路射门得分；或边路传中，协助队友包抄射门。防守阶段，其主要负责牵制对方边后卫与边锋。

◉ 后卫主要负责防守，根据位置和功能的不同可以分为中后卫、清道夫、边后卫、翼位等。后卫在己方的球门附近跑动，以防守对方的进攻球员，阻碍对方射门。此外，后卫也要把握场上机会，断球或接守门员传球后尽快移至中场，配合队友展开反攻。

◉ 守门员是球门前的最后防线，是场上唯一可以用手触球并从本队禁区内发起进攻的球员。除了负责阻拦射门外，守门员还兼顾观察整个赛况，组织、指挥本方的防守与进攻。

足球运动

球感训练

停球技术

踢球技术

盘带技术

战略战术

团队训练

守门员技术

热身及体能训练

在比赛中，球员要根据对手特点与比赛情况选择合适的阵形，以便控制比赛节奏、适应区域防守，并充分发挥自己的优势。其中，4-3-3 阵形是常见、实用的阵形，它包含 4 名后卫、3 名前锋、3 名中场球员。球员分布均匀，可攻可守。

4-4-2 阵形包含 4 名后卫、4 名中场球员和 2 名前锋，具有攻守平衡的特点。4 名中场球员可以不断变化站位，以实施不同的打法，例如 4 人平行站位、菱形站位、1+3 站位、3+1 站位。

名称	图片	介绍
足球		根据球员的人数与年龄,比赛中会选择使用3号球、4号球或5号球。其中,中学生及以上的球员进行11人制的比赛时,普遍会使用5号球,这也是国际赛事规定使用的足球型号。 5号球的周长为68.5~69.5厘米;外壳材料为皮革或其他许可的材料。开赛时,足球重量须保持在420~445克。比赛中一般会持续用同一个球,如果需要换球,则必须经过裁判员同意。
球衣		在比赛中,所有球员必须身着统一的球服:上身为短袖运动衫,下身为短裤。且衣服要吸汗排湿、合身、有弹性,不会束缚球员的动作。 训练时,根据气温选择合适的运动服即可,也可以选择长袖长裤,起到保暖以及保护的作用。尽量不要选择由纯棉、不透气、无弹性的材料制作的运动服。 注意,每名守门员的球衣颜色必须有别于其他队员、裁判员和助理裁判员,并且守门员可以穿长裤。
守门员手套		只有守门员能佩戴手套,用于接球。这种手套多由乳胶制成,不仅能增大手与足球表面的摩擦力,避免漏球;还能充分保护守门员的双手,防止因来球冲力过大而致使手部受伤。 注意,每次训练后要对手套进行及时清洗,并定期护理,使其保持一定的湿度,以延长手套的使用寿命,保持使用性能。

球感训练

停球技术

踢球技术

盘带技术

战略战术

团队训练

守门员技术

热身及体能训练

名称	图片	介绍
球鞋		在足球比赛中，球鞋发挥着不可替代的作用。其直接接触足球，影响着球员的移动能力，所以选择适合自己的球鞋至关重要。 球鞋外形比较细长，鞋帮较低，方便球员活动脚踝，充分发挥脚下技术。鞋面上一般没有织网的设计，以增强球鞋的防护性、包裹性和抓地性。鞋底有鞋钉，纵向排列的鞋钉有利于转向以及坡间运动，横向排列的鞋钉则有利于纵向直跑，球员可根据需要来选择合适的球鞋。此外，在训练和比赛时要根据场地的情况选择合适的鞋钉类型的球鞋。
球袜		球袜可以保护小腿，避免在赛场或训练场上被擦伤，并帮助腿部肌肉保持紧绷，使球员可以更为集中地发力。此外，为了配合护腿板的使用，球袜普遍都是长筒的，且比赛双方的球袜颜色要有明显差别，帮助裁判提高判罚的精确度。
护腿板		护腿板分为硬质和软质，其被放置在球袜内，是保护小腿的重要装备。一般来说，护腿板的硬度越高，其对小腿的保护性越强，但造成二次伤害的可能性就越大。球员可根据比赛或训练的实际情况，选择合适的护腿板。

◎ 控球时，触球点不同，会带来截然不同的控球效果

触球点是什么？当我们踢球、停球或盘带时，需要用双脚或除去双手之外的身体部位触碰足球，这个触碰的点就是触球点。想要控球控得好，将球控在自身周围，控球者需要掌握过硬的控球技术，而对触球点的认识是掌握不同控球技术的基础。触球点不同，球的运行轨迹也不同。触球点的位置稍稍有所改变，球的运行轨迹就会相应改变。因此，把握触球点十分重要。

踢球时，踢在球的不同位置上，球的运行轨迹会不同，因此足球上有不同的触球点。同样，用身体的不同部位触球时，球的运行轨迹会不同，因此身体上也有不同的触球点。下面针对足球的触球点和人体的触球点，分别进行分析。

◎ 足球上的触球点

当我们从一个视角看足球时，正中间的点为中点（B点），中点加上它的上（A点）、下（C点）、左（D点）、右（E点）这4个点，共5个触球点。球员要根据来球的实际情形，选择合适的触球点。当分别对这5个触球点发力时，球的运行轨迹如下。

触球点A 触球点位于中间偏上位置，并不局限于A点，也可以是A点更向上的位置。

· 使用时机：空中停半高球。

· 使用效果：将半高球转为地滚球。用从上向下的力，让球落地且不反弹。

触球点B 触球点位于球的正中央。

· 使用时机：将球前推或直传。

· 使用效果：踢球时可以使球水平前进。

触球点C 触球点位于球的中间偏下位置，并不局限于C点，也可以是C点偏下的位置。

· 使用时机：踢高球。

· 使用效果：从下向上踢出高球。同样力度下，触球点越低，球的运行轨迹与地面的夹角越大，球越高。

触球点D 触球点位于球的中间偏左位置，并不局限于D点，也可以是D点偏左的位置。

· 使用时机：长传。

· 使用效果：使球向右运行，且带有弧线。

触球点E 触球点位于球的中间偏右位置，并不局限于E点，也可以是E点偏右的位置。

· 使用时机：长传。

· 使用效果：使球向左运行，且带有弧线。

足球运动

球感训练

停球技术

踢球技术

盘带技术

战略战术

团队训练

守门员技术

热身及体能训练

◉ 人体上的触球点

人体各个部位的触球点中，膝盖以上的触球点一般用来停球、近距离传球、头球解围式传球，双脚的触球点可用来停球、踢球和盘带。人体不同部位的触球点分析如下。

触球点

触球点

胸部 触球点位于胸部。

· 使用时机：来球高度与胸部齐平或在胸部以上时停球或直接解围。

· 使用特点：胸部触球可以直接停球。如果想把球停向身体左侧或右侧，可以双臂抬起，让双臂和胸肌形成一个凹陷区，用此处触球，并且身体向左或向右摆动，产生向左、向右的力，身体由上而下压球上部，使球落下，将球停向相应的一侧。

大腿 触球点位于大腿的中间、左侧、右侧。

· 使用时机：来球弧度较大的下落球的停球，或来球位置在大腿高度时的停球。

· 使用特点：大腿中间触球可以直接停球。如果想把球停向身体左侧或右侧，用大腿的左侧或右侧停球即可。注意要主动迎球。

脚弓 触球点 A，即脚弓。

· 使用时机：出球或停球。

· 使用特点：出球时准确率高，停球时缓冲效果好，左右变向更灵活。

外脚背 触球点 B，即外脚背。

· 使用时机：停球或踢球。

· 使用特点：通过扭动脚踝或弯曲膝关节，让外脚背内收来停球或踢球。

正脚背 触球点 C，即正脚背。

· 使用时机：踢出强有力的球。

· 使用特点：通过靠近脚踝的位置，踢出力量很大且速度快的球。

脚后跟 触球点 D，即脚后跟。

· 使用时机：快速变换球路。

· 使用特点：能够快速变换球路，打断当前的比赛节奏。注意使用时要看准时机和周围环境。

脚尖 触球点 E，即脚尖。

· 使用时机：精准踢球。

· 使用特点：踇趾与第二趾之间的空间，与球有很好的贴合性，能精准踢球。注意避免只使用踇趾的趾尖，否则容易受伤。

脚底 触球点 F，即脚底。

· 使用时机：地滚球或反弹球的停球。

· 使用特点：用鞋底停球，但脚不能抬起过高，否则球会从脚底滚过去，脚抬起的高度应为足球的高度。

第2章
球感训练

所谓球感，即球员控球时的感觉，是足球运动员需要具备的基本素质。球感影响球员灵活自然地控球，以及使球按照自己的意愿移动的能力。本章会介绍一些能够提升球感的基础练习，帮助球员为之后的训练打好基础。

脚背颠球 >>

扫一扫，看视频

01 将足球放于身前，用右脚脚掌触球，将球后拉，使球向身体靠近；然后右脚脚尖触球，将球向上捞起，并用左脚脚背接住足球。

02 伸展脚踝，将足球向上颠起，且尽量不要将球颠过膝盖。然后迅速换腿，右腿略微抬起，在球落地前用脚背接住足球，然后向上颠球。之后双脚交替颠球。颠球时用力均匀，使球始终控制在身体周围。

扫一扫，看视频

足球运动

球感训练

停球技术

踢球技术

盘带技术

战略战术

团队训练

守门员技术

热身及体能训练

01 双脚平行开立，约与肩同宽，双手抱球置于身前，然后垂直向上抛球。

02 球下落时，右腿抬起并屈膝盘腿，准备触球。

03 右脚向上摆动，用右脚内侧击球的底部中央，将球向上颠起。

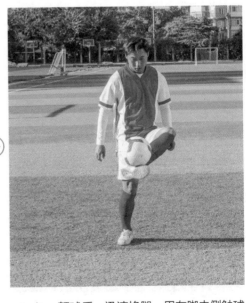

04 颠球后，迅速换腿，用左脚内侧触球并向上颠球，然后双脚交替颠球。

扫一扫，看视频

01 双脚平行开立，约与肩同宽，右手持球置于身体右侧，然后垂直向上抛球。

02 看准球路，左腿撑地，右腿抬起并屈膝外撇，使小腿外摆，并在小腿接近水平时用右脚外侧触球。

03 用右脚外侧触球的底部中央，将球向上颠起。然后右脚落地，并根据球路迅速调整自己的位置。

04 始终使用右脚外侧颠球，并注意保持身体平衡。完成规定次数后，进行左脚外侧颠球练习。

大腿颠球 >>

扫一扫，看视频

足球运动

球感训练

停球技术

踢球技术

盘带技术

战略战术

团队训练

守门员技术

热身及体能训练

01 双脚平行开立，约与肩同宽，双手抱球置于身前，然后垂直向上抛球。

02 右腿在身前抬起并屈膝，用大腿的中前部位触球的正下方，将球向上颠起至胸前。然后迅速换腿，用左大腿向上颠球，之后双腿交替颠球。

要点提示

当球下落至腰部以下、膝盖以上的位置时，抬腿并屈膝，用大腿稍靠前的位置接球，且大腿的位置不宜过高也不宜过低。此外，在换腿时重心要移至支撑腿，以保持身体平衡，并根据球路调整自己的位置。

扫一扫，看视频

01 双脚平行开立，约与肩同宽，双膝微屈，双手抱球置于身前。

02 调整站姿为双脚前后开立，膝部微屈，重心压低，垂直向上抛球，使球超过头顶，同时抬头观察球路。

03 双手自然打开，保持身体平衡，头部后仰，双眼注视球，用额头触球，同时身体上顶，将球颠起。

04 头部保持后仰状态，根据球路调整头的位置，连续颠球，且颠球的高度要尽量控制在 30～50 厘米。

扫一扫，看视频

足球运动

球感训练

停球技术

踢球技术

盘带技术

战略战术

团队训练

守门员技术

热身及体能训练

01 双脚平行开立，与肩同宽，右手持球，将球举在右肩的斜前方。

02 垂直向上抛球，同时根据球路转肩，准备接球。

03 右侧上臂夹紧并耸肩，使右肩抬高，触球的下部，将球向上颠起。

04 颠球后肩部迅速还原，并用手接住球，然后反复练习。

扫一扫，看视频

01 面朝前方。将球放在身前偏右30～50厘米的位置，并用右脚的前脚掌踩住足球。

02 向上跳起，双脚离地，并在空中用大腿带动小腿，小腿带动脚踝，迅速换腿，落地时改用左脚前脚掌踩球，力度要轻。左右脚轮流踩球，并有节奏地练习规定次数。

要点提示

踩球时，前脚掌要充分触球，且踩球力度不宜过大，避免球发生滚动造成身体不稳。此外，球发生偏移时要迅速对其进行调整，保证足球始终位于身体前方不远的位置。

扫一扫，看视频

01 挺胸抬头，面朝前方。将球放在身体的右前方，并用右脚踩球。

02 用右脚向左拉球，同时向上跳起，在空中迅速换腿，在落地时用左脚将球停住，然后立即用左脚向右拉球。两只脚轮流向反方向拉球，使球在双脚之间来回滚动，有节奏地练习规定次数。

要点提示

有节奏地进行训练，并注意保持身体平衡。练习时，背部挺直，目视前方，尽量不要低头看球，以保证训练效果，提升自己的平衡能力与球感。此外，要控制每次拉球的力度，让球始终在自己的控制范围内。

足球运动

球感训练

停球技术

踢球技术

盘带技术

战略战术

团队训练

守门员技术

热身及体能训练

扫一扫，看视频

01 面朝前方，双脚平行开立，略比肩宽，并将球放在双脚之间。

02 双手自然张开保持平衡，双腿微屈。抬起右腿，用右脚内侧轻轻触球，使球向左滚动。之后右脚迅速落地，并抬起左腿，用左脚内侧触球，使球向右滚动。双脚交替荡球，使足球在双脚之间来回移动。

要点提示

　　练习时，要控制触球节奏，保证双脚内侧交替触球，使球始终在双脚之间移动，避免出现球脱离控制的情况。熟练之后，球员可以加快荡球的速度，或者加大动作的幅度，以记住脚内侧触球的感觉，提升球感。

01 将足球放在身前，右腿撑地，左脚脚掌触球，踩住足球。

02 双手自然张开，保持平衡。右腿撑地不动，左脚将足球前推，然后将球后拉到身体下方。在身前前后拉球，让球始终在自己的控制范围内。然后换另一只脚完成相同练习。

 错误动作讲解

前后拉球时，不要弯腰。要始终背部挺直。这可以帮助身体保持平衡，并保证训练的效果，让双脚逐渐熟悉触球、控球的感觉。

足球运动

球感训练

停球技术

踢球技术

盘带技术

战略战术

团队训练

守门员技术

热身及体能训练

扫一扫，看视频

01 面朝前方，双脚平行开立，约与肩同宽，并将球放在身前。

02 左腿微屈，身体重心向左倾，右脚前脚掌触球，向左拉球，使足球水平向左滚动。拉球后，右脚顺势落地，身体随球向左移动。

 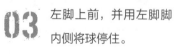  

03 左脚上前，并用左脚脚内侧将球停住。

04 用左脚前脚掌底部向右拉球，追上球后用右脚脚内侧停球。反复进行左右拉球练习。

扫一扫，看视频

足球运动

球感训练

停球技术

踢球技术

盘带技术

战略战术

团队训练

守门员技术

热身及体能训练

01 双脚平行开立，略比肩宽，挺胸抬头。足球静止在双脚中间的位置。

02 重心前倾，双腿微屈。右脚脚弓轻轻触球，让足球水平向左滚动。

03 身体随足球向左移动，追上足球后，用左脚脚弓停球。将球停住后，左脚顺势落地，然后再立即抬起，将足球向右拨回。轮流用脚弓拨球，使球在身前左右滚动，练习规定次数。

01 挺胸抬头，双脚平行开立，约与肩同宽，将足球放在身体的右前方。

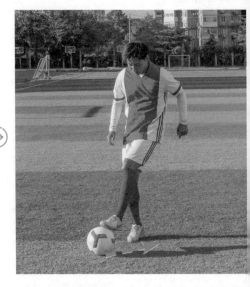

02 重心略降低，双腿微屈，身体前倾。右腿撑地，左脚抬起，用脚掌触球，并向左后方拉球至身下。

03 在足球接近身体后，转动脚踝，改用左脚的外脚背触球，并向左前方拨球。之后用右脚完成相同的动作，并练习规定次数。

足球运动

球感训练

停球技术

踢球技术

盘带技术

战略战术

团队训练

守门员技术

热身及体能训练

01 挺胸抬头，双脚平行开立，约与肩同宽，将足球放在身体的右前方。

02 重心降低，身体前倾。左腿屈膝撑地，右脚抬起，用脚掌触球，向左后方拉球至身后。

03 在球到达左脚的右后方时，迅速转动脚踝，改为用右脚的脚弓触球，并向左前方拨球，使球从左脚后面穿过。之后用左脚完成相同的动作，并练习规定次数。

01 将足球放在右脚前方，左腿撑地，右脚前脚掌踩球。

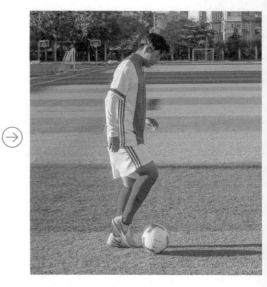

02 左腿微屈支撑，右脚前脚掌将球向后拉至身体下方附近。

03 小腿后收，让右脚随足球后移，在足球靠近身体时，改为脚背触球，将球向前推出。

04 在球回到初始位置附近时，用右脚脚掌触球，将球停住。反复练习至规定次数后，用左脚进行推拉练习。

扫一扫，看视频

足球运动

球感训练

停球技术

踢球技术

盘带技术

战略战术

团队训练

守门员技术

热身及体能训练

01 双脚平行开立，约与肩同宽，将足球放在身体的右前方。

02 身体微前倾，重心降低，右脚脚掌触球，将足球左拉，使足球水平向左滚动。

03 在足球经过身前时，左脚抬起，在足球上方逆时针绕一圈。在足球到达身体的左前方时，用左脚脚尖停球。之后左脚将球右拉，右脚完成彩虹盘带，双脚轮流练习规定次数。

扫一扫，看视频

01 双脚平行开立，约与肩同宽，并将球放在身前。

02 右脚脚弓触球，向左踢球。待球滚至左腿附近时，左脚脚弓触球，向右踢球。

03 再次用右脚脚弓触球，将足球向左踢。

04 在足球经过身前时，左脚抬起，在足球上方逆时针绕一圈后，用左脚脚弓停球。之后从左脚开始，完成相同的动作，并练习规定次数。

01 挺胸抬头，目视前方，将足球放在身体前方，右腿撑地，左脚踩球。

02 左脚脚掌触球，轻轻向后拉球，使足球水平向后滚动；同时向后小跳，并在空中换腿。落地时左腿撑地，右脚停球。以此类推，练习规定时间。

要点提示

带球后退的过程中，双臂屈肘自然放在身体两侧，臀部微下坐，降低身体重心，脚后跟微抬起，帮助保持身体平衡；脚掌触球并较快频率、小幅度、有节奏地向后拉球，同时支撑脚按照相同节奏后跳。停球时，足球应距离身体约一步远，方便触球脚灵活控球。

足球运动

球感训练

停球技术

踢球技术

盘带技术

战略战术

团队训练

守门员技术

热身及体能训练

扫一扫，看视频

01 右脚脚掌触球，向右后方拉球，同时左腿小幅度向后跳跃。在足球移动至身体的下方时，左腿再次小跳，同时右脚向右前方拨球，使球的移动轨迹为一条弧线。

02 在足球滚至身体的右前方时，右腿前伸，用右脚脚掌触球，向左后方拉球，同时左腿小幅度向后跳跃。在足球移动至身体的下方时，左腿再次小跳，同时右脚向左前方拨球，使球的移动轨迹为一条弧线。反复练习至规定次数后，用左脚进行相同练习。

扫一扫，看视频

足球运动

球感训练

停球技术

踢球技术

盘带技术

战略战术

团队训练

守门员技术

热身及体能训练

01 挺胸抬头，面朝前方，双脚平行开立，略比肩宽，并将球放在身前。

02 左脚脚弓触球，向右踢球。待球滚至身体右前方时，右脚脚弓触球，向左踢球。完成一次荡球。

03 再次用左脚脚弓触球，将足球向右踢去。

04 右脚从足球外侧绕至足球前方，然后用右脚内侧向左后方踢球；同时逆时针向后转身，面朝后方，继续荡球。然后，换一只脚进行相同练习。

第 3 章
停球技术

在接队友的传球时，往往会用到停球技术。根据来球的情况不同，球员需要选择合适的停球技术，尽量在原地将球停住，以便进行之后的动作，并避免足球被防守球员抢走。

地滚球：脚弓原地停球 ≫

扫一扫，看视频

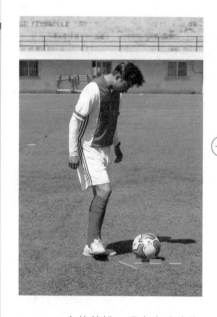

01 身体放松，观察来球路线，左腿微屈撑地，右脚抬起并横放，准备停球。

02 右脚不要后撤，用脚弓触球的中心偏下位置，让其卸力，在原地将球停住。

其他角度

用容易贴合球面的脚弓稍前处触球

扫一扫，看视频

足球运动

球感训练

停球技术

踢球技术

盘带技术

战略战术

团队训练

守门员技术

热身及体能训练

01 观察来球的方向，并根据球速调整自己的速度，迎球向前移动，向足球靠近，准备停球。注意不要向前猛冲。

02 在球距离身体一两步远时，身体略微前倾，并瞄准时机出脚横放。支撑腿略微屈膝撑地，顺着来球用脚弓触球的中心偏下位置，同时卸力停球。

01 身体放松，观察来球路线，左腿微屈撑地，右腿准备出脚停球。

02 在球距离身体约一步远时，右腿屈膝抬起且脚踝向内转动，使外脚背朝前。外脚背触球的中心或者偏下的位置，将其卸力，在原地停球。

其他角度

足球运动

球感训练

停球技术

踢球技术

盘带技术

战略战术

团队训练

守门员技术

热身及体能训练

01 观察来球的方向，并根据球速调整自己的速度，迎球向前移动，向足球靠近，准备停球。注意不要向前猛冲。

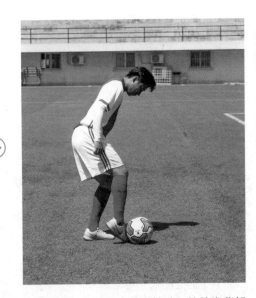

02 在球距离身体一两步远时，左腿微屈踩实，右腿屈膝抬起且脚踝向内转动，使外脚背朝前。右腿向前出脚停球，触球瞬间脚部适当发力，将球卸力。

扫一扫，看视频

01 身体放松，观察来球路线并调整自己的位置，使自己正对来球。

02 目视来球，在球靠近自己后，根据来球情况抬脚准备停球。之后瞄准球的中上部，用脚底靠近脚趾根部的位置触球，在原地停球。

其他角度

瞄准偏向身体一侧的球的中上部

扫一扫，看视频

足球运动

球感训练

停球技术

踢球技术

盘带技术

战略战术

团队训练

守门员技术

热身及体能训练

01 观察来球的方向，并根据球速调整自己的速度，迎球向前移动，向足球靠近，准备停球。注意不要向前猛冲。

02 目视来球，在球距离身体一两步远时，右腿屈膝抬起并略微屈踝，瞄准球的正上方，用脚底靠近脚趾根部的位置触球，将球停住。之后可以伸展膝关节，用脚底将球向前推出，在控球脚自然落地后，继续带球前进。

01 仔细观察来球，预测球的落点，并快速移动到落点附近。到位后支撑腿撑地，另一条腿向内屈膝抬起，准备好脚弓停球的姿势。

02 在球落至膝盖高度时，瞄准球的中心位置，用脚弓中心稍偏上的位置触球。触球时脚弓保持放松，将球卸力，使球能够落在身前可控范围内。

足球运动

球感训练

停球技术

踢球技术

盘带技术

战略战术

团队训练

守门员技术

热身及体能训练

01 仔细观察来球，预测球的落点，快速移动到落点附近，使球能够落在膝盖下方。准备好脚弓停球的姿势。

02 瞄准球中心偏上的位置，在球落地的同时用脚弓触球，注意避免将球踢高，要让其变成地滚球。之后，触球脚顺势落地，开始带球前进。

扫一扫，看视频

01 仔细观察来球，预测球的落点，快速移动到落点附近容易抬脚的位置，右腿屈膝向外撇，使小腿外摆，准备用外脚背触球。

02 身体向左倾斜，待球落至身前时，瞄准球的中心，用右脚外脚背位置触球，并使外脚背与球的下落路线垂直。触球瞬间顺应球的冲击力，将其卸力，使球落在身前可控范围内，让触球脚能够在球落地后马上将其踩住。

足球运动

球感训练

停球技术

踢球技术

盘带技术

战略战术

团队训练

守门员技术

热身及体能训练

01 仔细观察来球，预测球的落点，并快速移动到落点附近。之后右腿屈膝抬起并向内收，使外脚背正对来球，做好停球的准备。

02 待球下落到膝盖下方后再触球，瞄准球中心稍靠上的位置，用外脚背触球，并在触球瞬间轻轻向上跳起，以根据来球调整停球的力度，将球卸力。

01 仔细观察来球，预测球的落点，快速移动到落点附近容易抬脚的位置，然后右腿屈膝抬至球的高度或略高一点的位置，做好脚底停球的准备姿势。

02 在来球落地弹起瞬间，向前伸脚，瞄准球接近球顶的位置，用脚底靠近脚尖的位置触球，同时脚踝适当发力，缓冲球弹起的力量，让触球脚能够在球落地后马上将其踩住。

半高球：脚底迎球停球 >>

01 仔细观察来球的速度和高度，预测球的落点，迅速向来球方向移动，准备停球。注意不要向前猛冲。

02 移动到合适的位置后，右腿屈膝抬起并向前伸脚，瞄准球靠近球顶的位置，在球落地反弹瞬间用脚底靠近脚心的位置触球，同时支撑脚轻微向前跳起，以便找准停球时机。脚踝在触球瞬间适当发力，并保持触球时的角度，将半高球变为地滚球。在触球脚顺势落地后，继续带球前进。

足球运动

球感训练

停球技术

踢球技术

盘带技术

战略战术

团队训练

守门员技术

热身及体能训练

01 仔细观察来球，预测球的落点，并快速移动到落点附近。到位后身体正对来球的方向，让球能够正好落到锁骨下方，双腿屈膝，双臂抬起，身体保持放松。

02 根据球的高度调整胸口的位置，身体稍向后仰并挺胸，瞄准球的中心位置，用锁骨略微偏下的胸部位置触球。触球时肌肉保持放松，以缓冲球的力量，降低球速。注意，触球后要让球落在身前不远的位置，让触球脚能够在球落地后马上将其踩住。

扫一扫，看视频

足球运动

球感训练

停球技术

踢球技术

盘带技术

战略战术

团队训练

守门员技术

热身及体能训练

01 仔细观察来球，预测球的落点，并快速移动到落点附近。到位后身体正对来球的方向，做出大腿停球的准备姿势。

02 瞄准球的中心，用大腿中心偏上的位置，即大腿根部偏下的位置触球，缓冲球的力量。注意此时大腿肌肉不要紧绷，并在触球后让球落在身前不远的位置，让触球脚能够在球落地后马上将其踩住。

扫一扫，看视频

01 观察来球的速度和方向，在球到达身体下方时出右脚，用脚弓轻轻触球，降低球速并减弱球的力量，但不能让球停下来；同时随着球的运动向右转身。

02 转身180度，其间右腿小腿内收并转动脚踝，在完成转身后改为用外脚背触球，使球朝原本的方向继续向前移动，然后带球前进。

足球运动

球感训练

停球技术

踢球技术

盘带技术

战略战术

团队训练

守门员技术

热身及体能训练

01 观察来球的速度和方向，在球靠近身体前方时出右脚，瞄准球的中心，用外脚背的小脚趾根部位置从球的侧面触球，轻擦球面，降低球速并改变方向。

02 在触球的瞬间向右转身，其间始终保持对球的控制。在触球脚落地时，球要处于脚的内侧范围；在迅速确认周围的情况后，带球前进。

01 观察来球的速度和方向，在球到达身前一步远左右的位置时，左腿微屈撑地，右腿屈膝抬起，瞄准球靠近球顶的位置，用脚底的大脚趾根部位置触球，并通过触球时间长短来调整球速。如果想要球快速转动，则可以轻踩球面。

02 在触球瞬间配合球速向右转身，以始终保持对球的控制。完成转身后，身体朝向要与球的前进方向保持一致，然后带球前进。

01 观察来球的速度和方向，预判球的落点，迅速向其靠近。在球落至身前时，支撑腿微屈，右腿屈膝抬起，准备出脚停球。

02 瞄准球的中心偏下位置，用脚弓略靠里的位置触球，改变球的运动方向，让其向身后运动。在触球瞬间，向左转身，让身体的朝向与球的运动方向保持一致，然后带球前进。

足球运动

球感训练

停球技术

踢球技术

盘带技术

战略战术

团队训练

守门员技术

热身及体能训练

01 观察来球的速度和方向，预判球的落点，迅速向其靠近。在球靠近身体后，支撑腿微屈，右腿屈膝抬起，并使外脚背朝上，准备用外脚背触球。

02 瞄准球的中心偏下位置，在体侧用小脚趾根部到外脚背中部形成的平面位置轻轻触球，改变球的运动方向，并让球落在距离身体不远的位置。触球的同时向右转身，让身体的朝向与球的运动方向保持一致，然后带球前进。

扫一扫，看视频

足球运动

球感训练

停球技术

踢球技术

盘带技术

战略战术

团队训练

守门员技术

热身及体能训练

01 观察来球的速度和方向，预判球的落点，迅速向其靠近。在球靠近身体后，身体正对来球的方向，双腿前后开立并屈膝，抬起双臂，身体后仰并保持放松，准备用胸部触球。

02 瞄准球的中心，向上挺胸，用胸部正中心的位置触球。触球的同时向右转身，顺势将球带到身后，让球向自己身后运动，并使身体的朝向与球的运动方向保持一致。之后尽快控球，带球前进。

01 观察来球的速度和方向，预判球的落点，迅速向其靠近。在球靠近身体后，右腿屈膝向上抬起，准备用大腿触球。

02 瞄准球底中心稍偏右的位置，用大腿根部偏右的位置触球，缓冲球的力量。触球的同时用身体护住球，改变球的运动方向；并向右转身，让身体的朝向与球的运动方向保持一致。然后尽快控球，带球前进。

地滚球：脚弓变向停球 >>

扫一扫，看视频

足球运动

球感训练

停球技术

踢球技术

盘带技术

战略战术

团队训练

守门员技术

热身及体能训练

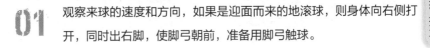

01 观察来球的速度和方向，如果是迎面而来的地滚球，则身体向右侧打开，同时出右脚，使脚弓朝前，准备用脚弓触球。

02 在球到达身下后，瞄准球的中心，用容易贴合球面的脚弓中心位置触球，将球踢向右方，同时向右转身 90 度，面朝右侧。触球后，触球脚向右迈步，顺势落在球的移动路线上，然后带球前进。

01 观察来球的速度和方向，让自己面向来球。在球即将进入可控范围时，身体略微左倾，右腿屈膝抬起，右脚脚踝内旋，使外脚背朝前，让其可以呈斜角触球。

02 瞄准球的中心，用外脚背到小脚趾侧面的位置触球，将球踢向右方。触球的同时向右转身90度，让身体的朝向与触球后球的运动方向保持一致，然后带球前进。

足球运动

球感训练

停球技术

踢球技术

盘带技术

战略战术

团队训练

守门员技术

热身及体能训练

地滚球：脚底变向停球 »

01 观察来球的速度和方向，让自己面向来球。在球即将进入可控范围时，左腿微屈撑地，右腿屈膝垂直向上抬起，并保证右脚在球的运动轨迹上，方便用脚底停球。注意，此时不要抬脚过高，否则容易漏球。

02 瞄准球顶中心略偏外侧的位置，保证右脚有足够的带球距离；用脚底的脚趾根部到脚弓凹陷处的位置触球，并迅速将球踢向自己的右侧。触球的同时向右转身 90 度，让身体的朝向与球的运动方向保持一致，然后带球前进。

01 观察来球的速度和方向，预判球的落点，迅速向其靠近。舒展身体，在球落至身前时，右腿屈膝抬起，脚踝外旋，准备用脚弓触球。

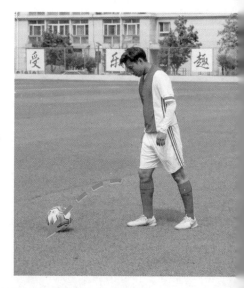

02 瞄准球中心偏上的位置，用容易贴合球面的脚弓中心稍偏上的位置触球，并扭转身体调整脚部的角度，改变球的运动方向，让其落至身体的右侧。触球的同时配合触球动作向右转身，让身体的朝向与球的运动方向保持一致，然后尽快控球，带球前进。

半高球：外脚背变向停球 »

01 观察来球的速度和方向，预判球的落点，迅速向其靠近。面向来球，舒展身体并略微向左倾斜，左腿微屈撑地，右腿根据来球的角度屈膝向外撇，准备用外脚背触球。

02 瞄准球的中心，放松脚部，用外脚背触球，注意要顺着球势轻轻触球，使其能够落在身体的右侧。触球的同时向右转身，让身体的朝向与球的运动方向保持一致，然后尽快控球，带球前进。

足球运动

球感训练

停球技术

踢球技术

盘带技术

战略战术

团队训练

守门员技术

热身及体能训练

01 观察来球的速度和方向，预判球的落点，迅速移动至落点之后。到位后，右腿屈膝抬起，准备用脚底触球。

02 在球落地瞬间，瞄准球的顶部并配合出球的方向，用脚底的中心稍靠外侧的位置触球，脚踝放松，减弱球向上的弹力，并横向出球。触球的同时向右转身至出球方向，然后尽快控球，带球前进。

半高球：胸部变向停球 ≫

扫一扫，看视频

足球运动

球感训练

停球技术

踢球技术

盘带技术

战略战术

团队训练

守门员技术

热身及体能训练

01 观察来球的速度和方向，预判球的落点，迅速向其靠近。到位后，身体正对来球的方向，双腿前后开立并屈膝，抬起双臂，身体略微后仰并保持放松，准备用胸部触球。

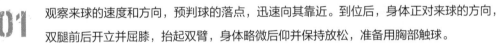

02 改变上身的角度，瞄准球的中心，用左侧锁骨稍下的胸部触球，并适当发力，使球反弹至身体的右侧。触球的同时向右转身至出球方向，然后迅速追上反弹下落的球，控球后带球前进。

01 观察来球的速度和方向，预判球的落点，迅速移动至落点之后，让球能够落至胸前。到位后，右腿屈膝向上抬起，准备用大腿触球。

02 瞄准球底的中心，用大腿根部中心偏右的位置触球，让球自然地落向身体的右侧。触球的同时向右转身至出球方向，并随之调整身体重心，保持身体平衡。然后尽快控球，带球前进。

足球运动

球感训练

停球技术

踢球技术

盘带技术

战略战术

团队训练

守门员技术

热身及体能训练

01 观察对方球员的位置与来球的方向，做好停球准备。

02 在来球到达身前时，迎球出脚，用右脚脚弓触球，并将球控制在脚下。

03 触球后不要在原地停留，要根据场上情况，自然、迅速地衔接下一个技术动作，然后控球前进，其间始终保持球在自己的控制范围内。

扫一扫，看视频

01 在跑动中随时观察来球的路线与速度，并尽快对其进行追赶，准备停球。在跑动中，尽量不要减速，避免球出界。

02 跑动到位后，用脚弓将球停下，并根据场上情况，自然、迅速地衔接下一个技术动作，然后带球沿边线前进。触球后尽量不要在原地停留，可以使停球与盘带动作连贯起来。

第4章
踢球技术

在比赛中，球员要根据情况选择合理的踢球技术，用脚的不同位置触球，并控制踢球力度，让球能够按计划路线移动，并顺利到达目标处。此外，在踢球前，要观察防守球员的情况，避免球被防守球员抢走。

Chapter 4

定点踢球（地滚球）>>

扫一扫，看视频

01 向足球靠近，注意控制好距离，保证自己踢球前的最后一步由支撑腿迈出，且支撑腿落在球的侧边。踢球前，身体放松，支撑脚的脚尖指向出球方向，触球腿屈膝后摆，准备踢球。

02 瞄准球的中心，触球腿前摆，用脚弓中心位置触球，并在触球瞬间发力，向前踢球。触球后，右腿顺势前摆，对球做跟进动作。

足球运动

球感训练

停球技术

踢球技术

盘带技术

战略战术

团队训练

守门员技术

热身及体能训练

01 身体自然放松，背部挺直，找准足球的位置，向其靠近，进行踢球前的助跑。助跑时，要对步伐进行合理的安排，保证自己能够在正确的位置踢球。

触球点越靠下，踢出的球越高

02 踢球前的最后一步由支撑腿迈出，且支撑腿要落在球的水平一侧或稍偏后方的位置；同时触球腿屈膝后摆，身体略微后仰。瞄准球中心偏下的位置，触球腿前摆，用脚弓中心位置触球，并自下到上起球，踢出半高球。触球后，右腿顺势前摆。

01 身体自然放松，背部挺直，找准足球的位置，向其靠近，进行踢球前的助跑。助跑时，要对步伐进行合理的安排，保证自己能够在正确的位置踢球。

身体要比踢半高球时更加向后倾斜

02 踢球前的最后一步由支撑腿迈出，且支撑腿要落在球的水平一侧或稍偏后方的位置，并踩实；同时触球腿屈膝后摆，身体后仰。瞄准球接近底部的中心位置，触球腿前摆，用脚弓中心位置触球，并自下到上起球，踢出高球。触球后，右腿顺势前摆。

01 身体自然放松，观察来球的飞行轨迹与速度，算准时机，迅速向来球靠近，移动至便于踢球的位置。

02 踩实支撑脚，上身正对来球，触球腿屈膝后摆，准备踢球。

03 触球腿前摆，在球落地瞬间瞄准球中心偏上的位置，用脚弓中心稍偏下的位置触球，踢出直向地滚球。

足球运动

球感训练

停球技术

踢球技术

盘带技术

战略战术

团队训练

守门员技术

热身及体能训练

01 身体自然放松，观察来球的下落轨迹与速度，算准时机，迅速向来球靠近，移动至便于踢球的位置。

02 到达落点后侧后，踩实支撑脚，上身正对来球，触球腿向后屈膝并向外侧摆腿，准备踢球。

03 上身保持稳定，向斜前方摆腿，在球落地瞬间瞄准球中心偏上的位置，用脚弓中心稍偏下的位置触球，向斜前方踢出地滚球。

足球运动

球感训练

停球技术

踢球技术

盘带技术

战略战术

团队训练

守门员技术

热身及体能训练

01 身体自然放松，观察来球的飞行轨迹与速度，算准时机，迅速向来球靠近，移动至便于踢球的位置。

02 在球到达身前且还未完全落地时，踩实支撑脚，触球腿屈膝抬起并外旋，使脚弓朝前，准备踢球。

03 保持身体平衡，向前摆腿，瞄准球中心，用脚弓中心的位置触球，踢出直向半高球。注意，触球前要迅速根据想要的出球高度调整脚踝的角度。

01 身体自然放松，观察来球的下落轨迹与速度，算准时机，迅速向来球靠近，移动至便于踢球的位置。

02 在球到达身前且还未完全落地时，踩实支撑脚，触球腿屈膝抬起并外旋，使脚弓朝前，准备踢球。保持身体平衡，向斜前方摆腿，瞄准球的中心，并迅速根据想要的出球高度调整脚踝的角度，用脚弓中心的位置触球，向斜前方踢出半高球。

足球运动

球感训练

停球技术

踢球技术

盘带技术

战略战术

团队训练

守门员技术

热身及体能训练

01 身体自然放松，观察来球的飞行轨迹与速度，算准时机，迅速向来球靠近，移动至便于踢球的位置。

02 在球还未完全落地时，身体向后倾斜，踩实支撑脚，触球腿屈膝抬起并外旋，使脚弓朝前，准备踢球。

03 保持身体平衡，向前摆腿，瞄准球中心，并迅速根据想要的出球高度调整脚的角度与力度，用靠近踝骨较硬的脚弓位置触球，踢出直向高球。

01 身体自然放松，观察来球的飞行轨迹与速度，算准时机，迅速向来球靠近，移动至便于摆腿踢球的位置。

02 在球还未完全落地时，踩实支撑脚，身体向后倾斜，触球腿屈膝抬起，准备用脚弓踢球。保持身体平衡，向斜前方摆腿，瞄准球的中心，并迅速根据想要的出球高度和方向调整脚的角度与力度，用脚弓稍靠前的位置触球，向斜前方踢出高球。

定点踢球（地滚球）>>

扫一扫，看视频

足球运动

球感训练

停球技术

踢球技术

盘带技术

战略战术

团队训练

守门员技术

热身及体能训练

01 身体自然放松，背部挺直，找准足球的位置，向其靠近，进行踢球前的助跑。助跑时，要计算好与球之间的距离，对步伐进行合理的安排。

02 踢球前的最后一步由支撑腿迈出，且支撑腿要落在球偏后方的位置；将身体重心放在支撑腿上，触球腿屈膝后摆。然后瞄准球面中心，脚踝内旋，用外脚背小脚趾根部骨头隆起的部位触球，将球向前踢出。触球瞬间脚趾用力紧扣鞋底，触球后小腿顺势前摆。

01 身体自然放松，背部挺直，找准足球的位置，向其靠近，进行踢球前的助跑。助跑时，要计算好与球之间的距离，对步伐进行合理的安排，保证自己能够在正确的位置踢球。

02 踢球前的最后一步由支撑腿迈出，且支撑腿要落在球稍偏后方的位置；身体略微后仰，触球腿屈膝后摆，并将身体重心放在支撑腿上。然后向前摆腿，同时脚踝内旋，略微倾斜脚部，切向球的中心，并用外脚背小脚趾根部骨头隆起的部位触球，通过斜切式踢球踢出半高球。触球后，小腿顺势前摆。

扫一扫，看视频

足球运动

球感训练

停球技术

踢球技术

盘带技术

战略战术

团队训练

守门员技术

热身及体能训练

01 身体自然放松，背部挺直，找准足球的位置，向其靠近，进行踢球前的助跑。助跑时，要计算好与球之间的距离，对步伐进行合理的安排，保证自己能够在正确的位置踢球。

充分利用髋关节，增大动作幅度

02 踢球前的最后一步由支撑腿迈出，且支撑腿要落在球的水平一侧或稍偏后方的位置。身体后仰，触球腿屈膝后摆，并将身体重心放在支撑腿上。然后充分伸展膝关节，向前摆腿切向球的中心，并用离脚尖稍远、更靠近里侧的脚背部分触球，踢出高球。注意在踢球时要保持上身平衡，且不要用力过猛。

4.3

正脚背踢球

扫一扫，看视频

01 抬起双臂，身体打开并自然放松，向球靠近。注意控制好距离，保证支撑腿落在球的水平一侧或稍偏后方的位置。身体向支撑腿侧倾斜，支撑腿踩实并保持身体平衡，触球腿屈膝后摆。

02 身体放松，瞄准球面的中心或稍靠上的位置，用正脚背靠近脚踝的位置触球，触球瞬间发力，向前踢球。注意，踢球前，触球腿膝关节微屈，用脚背稍微靠向球面后再小幅度向前摆腿，以踢出地滚球。

扫一扫，看视频

01 从球的斜后方出发，向球靠近。助跑时，抬起双臂，身体打开并自然放松；计算好与球之间的距离，以及时调整步伐，保证自己能够在正确的位置踢球。

02 踢球前的最后一步由支撑腿迈出，且支撑腿要落在球的稍后方。身体向支撑腿侧倾斜，支撑腿踩实，重心在支撑脚上，触球腿屈膝后摆蓄力。然后瞄准球的中心略微偏下的位置，扭转髋部，伸展膝关节，以平缓的角度向前摆腿，用正脚背靠近脚踝的位置触球，踢出半高球。

足球运动

球感训练

停球技术

踢球技术

盘带技术

战略战术

团队训练

守门员技术

热身及体能训练

01 从球的斜后方出发，向球靠近。助跑时，抬起双臂，身体打开并自然放松；计算好与球之间的距离，以及时调整步伐，保证自己能够在正确的位置踢球。

02 踢球前的最后一步由支撑腿迈出，且支撑腿要落在球的稍后方。支撑腿踩实，触球腿屈膝大幅度后摆，同时将身体重心向后倾斜，让身体倒向斜后方。然后瞄准球的中心偏下的位置，扭转髋部，向前摆腿，用正脚背靠近脚踝的位置触球，向上踢出高球。

不停球踢球（直向地滚球）>>

扫一扫，看视频

足球运动

球感训练

停球技术

踢球技术

盘带技术

战略战术

团队训练

守门员技术

热身及体能训练

01 身体自然放松，观察来球的飞行轨迹与速度，预判球的落点，算准时机，迅速向其靠近，移动至便于踢球的位置。

尽量在靠近身体的位置把球踢出

02 踩实支撑脚，触球腿配合球的轨迹屈膝后摆，准备踢球。

03 在球到达身下偏后时，瞄准球中心或中心稍偏上的位置，用正脚背中心触球，踢出直向地滚球。

01 身体自然放松，观察来球的飞行轨迹与速度，预判球的落点，算准时机，迅速向其靠近，移动至便于踢球的位置。

02 支撑脚踩实并指向出球路线，触球腿屈膝后摆，准备用正脚背踢球。在球到达身下时，瞄准球中心或中心稍偏上的位置，用正脚背中心触球，同时向左转身，向左前方踢出地滚球。

扫一扫，看视频

足球运动

球感训练

停球技术

踢球技术

盘带技术

战略战术

团队训练

守门员技术

热身及体能训练

01 预判球的落点，向其靠近，移动至便于踢球的位置。

02 踩实支撑脚，触球腿配合球的轨迹屈膝后摆，准备踢球。

03 身体放松，瞄准球中心略微偏下的位置，用靠近脚踝的正脚背触球，并向前摆腿，踢出直向半高球。在触球瞬间，支撑脚要完全伸直，且触球脚的脚踝动作不能变形，发力踢球。

01 身体自然放松，观察来球的下落轨迹与速度，算准时机，迅速向来球靠近，移动至便于踢球的位置。

02 双臂自然抬起，身体向支撑腿侧倾斜，支撑腿踩实，重心在支撑脚上，触球腿屈膝后摆蓄力。向左前方摆腿，瞄准球中心稍偏下的位置，用靠近脚踝的正脚背触球，同时向左转身，向左前方踢出半高球。触球瞬间，支撑脚完全伸直，且触球脚的脚踝动作不能变形，发力踢球。

扫一扫，看视频

足球运动

球感训练

停球技术

踢球技术

盘带技术

战略战术

团队训练

守门员技术

热身及体能训练

01 身体自然放松，观察来球的飞行轨迹与速度，预判球的落点，算准时机，迅速向其靠近，移动至便于踢球的位置。

02 踩实支撑脚，触球腿配合球的轨迹屈膝后摆蓄力，并将上身的力量传给脚。然后瞄准球面中心稍偏下的位置，大幅度向前摆腿，在球落至膝盖高度时用正脚背中心的位置触球，自下而上大力踢球，踢出直向半高球。

01 身体自然放松，观察来球的飞行轨迹与速度，预判球的落点，算准时机，大步向其靠近，移动至便于踢球的位置。

02 支撑腿踩实并将重心放在支撑脚上，身体略微后仰并向左侧身，触球腿屈膝后摆蓄力。在球落至身前时，向左转身，带动触球腿向左前方大幅度摆腿，瞄准球面中心稍偏下的位置，用正脚背中心偏左的位置触球，自下而上大力踢球，向左前方踢出半高球。

4.4

脚尖踢球

定点踢球（地滚球）》

扫一扫，看视频

01 身体自然放松，正对足球，向其靠近，进行踢球前的助跑。助跑时，要计算好与球之间的距离，对步伐进行合理的安排。

02 踢球前，支撑脚要落在球的稍偏后方，并踩实；触球腿屈膝后摆。然后瞄准球面中心，触球腿前摆，脚趾紧绷，用姆趾和第二趾的中间位置触球，并用较小的动作幅度向前踢出地滚球。

足球运动

球感训练

停球技术

踢球技术

盘带技术

战略战术

团队训练

守门员技术

热身及体能训练

扫一扫，看视频

01 身体自然放松，正对足球，向其靠近，进行踢球前的助跑。助跑时，要计算好与球之间的距离，对步伐进行合理的安排。

02 踢球前，支撑脚要落在球的稍后方，并踩实；触球腿屈膝后摆。然后瞄准球的中心，触球腿前摆，用蹋趾和第二趾的中间位置触球，并伸展脚趾，用脚趾尖轻轻向上发力，自下而上踢出半高球。触球后，右腿顺势前摆，对球做跟进动作。

扫一扫，看视频

足球运动

球感训练

停球技术

踢球技术

盘带技术

战略战术

团队训练

守门员技术

热身及体能训练

01 身体自然放松，正对足球，向其靠近，进行踢球前的助跑。助跑时，要计算好与球之间的距离，对步伐进行合理的安排。

支撑脚要比踢半高球时稍微靠前

02 踢球前，支撑脚落在球的稍后方，并踩实；触球腿屈膝后摆。然后瞄准球中心偏下的位置，触球腿用较大的力度前摆，用跗趾和第二趾的中间位置触球并向上发力，以大幅度的动作自下而上踢出高球。触球后，右腿顺势前摆，且摆腿跟进幅度要大。

4.5

脚后跟踢球

01 调整自己的位置，使球置于双脚之间。仔细看着球，然后根据球的位置向前摆右腿，使右腿在身前伸直，准备用脚后跟触球。

02 瞄准球的中心，右腿后摆，用脚后跟中心触球，并轻轻发力，从前后踢出直线地滚球。注意，要准确地踢球的中心，使球能够向后直运动，且不要用力过度，防止球失控。

足球运动

球感训练

停球技术

踢球技术

盘带技术

战略战术

团队训练

守门员技术

热身及体能训练

01 如果足球在自己的左前方，那踢球时便使用左腿作为支撑腿。向足球靠近，并根据与足球之间的距离调整好脚步，使得左脚最后可以落在足球的右侧。

02 左腿微屈撑地，保持身体平衡；右腿前摆，然后再向斜后方摆腿，做交叉步动作，并瞄准球的中心，用脚后跟中心跟骨部分触球，轻轻发力，向后踢直线地滚球。注意，出球的方向受触球角度影响，所以踢球前要根据需要及时调整触球角度。

01 可以是固定在原地的球，也可以是教练向球员方向踢过来的一个慢球。球员观察球与球门之间的位置关系，决定踢球位置后，迅速向其靠近，进行踢球前的助跑。

02 瞄准球门，使用脚背踢球技术，将球踢向球门。练习时，球员要依次踢出地滚球、半高球和高球，并交替使用左脚和右脚射门，进行全面综合的射门练习，保证球员在比赛中能够根据场上情况与战术需要选择最优的射门方案，提高命中率。

扫一扫，看视频

01 教练向空中抛球，球员立即看向足球，观察来球的运动轨迹，身体舒展，迅速向其靠近，进行射门前的助跑。

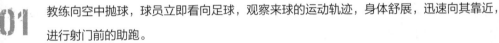

02 在球即将落至身前时，支撑腿屈膝踩实，踢球腿快速后摆。然后瞄准球的中下部，踢球腿加速大力前摆，脚背绷直，当球快接近地面时用脚背位置触球，且大腿带动小腿发力，将球射向球门。练习时，要轮流进行左、右脚的射门训练。

足球运动

球感训练

停球技术

踢球技术

盘带技术

战略战术

团队训练

守门员技术

热身及体能训练

01 足球放在原地，球员面向球门，站在足球水平稍偏后的位置，并分析自己、球与球门之间的位置关系，准备射门。

03 踢球前，支撑腿落在球的水平一侧或稍偏后方的位置，并踩实；踢球腿屈膝后摆，身体保持平衡并稍微向后倾远离球。然后踢球腿大力前摆，用脚背触球，将球射向球门。

足球运动

球感训练

停球技术

踢球技术

盘带技术

战略战术

团队训练

守门员技术

热身及体能训练

02 身体放松，从球侧后方出发向球靠近，进行射门前的助跑。助跑时，要计算好与球之间的距离，对步伐进行合理的安排。

04 触球后的腿部随球动作要从外向内，以踢出弧线球，让球的飞行轨迹从右向左偏。练习时，球员应该不断改变球与球门的位置关系，提高从不同角度射门的准确性，并轮流使用左、右脚进行射门训练。

第5章
盘带技术

在面对防守球员时，为了避免球被轻易抢走，持球球员需要分析防守球员的位置与特点，灵活运用不同盘带技术，在假动作、转身、变速等技巧的辅助下，迷惑对手或是让对手来不及防守，从而顺利带球摆脱防守。

Chapter 5

球放置的位置 »

盘带时，球所在的位置十分重要。球员双脚的可控范围是有限的，足球距离身体太近或太远，球员都无法有效控球，因此在盘带时球员要保证足球在自己擅长控球的范围内，避免出现失球的情况。此外，每名球员的控球范围是不同的，控球范围也是可以通过训练扩大的。球员应该通过大量的训练找准自己盘带时擅长的控球范围，并努力提高自己技术的精度与广度。

错误动作讲解

球太靠近脚部

一直低头，未时刻观察周围的环境

扫一扫，看视频

足球运动

球感训练

停球技术

踢球技术

盘带技术

战略战术

团队训练

守门员技术

热身及体能训练

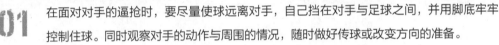

01 在面对对手的逼抢时，要尽量使球远离对手，自己挡在对手与足球之间，并用脚底牢牢控制住球。同时观察对手的动作与周围的情况，随时做好传球或改变方向的准备。

02 脚底触球，轻轻向远离对手的方向拉球，同时身体随脚下动作快速转动。其间，要始终挡在对手与足球之间，并使球处在身体侧边远离对手的位置。

面对对手的逼抢，球员在护球时应该尽量放低重心，保持身体平衡，并牢牢控制住脚下的球；同时靠近对手侧的手臂抬起并屈肘，拦住对手，让其尽可能远离足球，也让自己在对抗中占据优势。

要点提示

如果身体笔直站立，会很容易失去平衡。护球时放低重心便于身体发力，防守球员也很难推动，尽量侧身，使用身体各部位隔开对手，始终让球和对手保持距离。

扫一扫，看视频

01 用外脚背触球，将球向前推出。注意控制力度，避免球脱离自己的控制范围。

02 迅速追上足球，然后继续向前踢球，带球前进。其间，背部挺直，始终让球在自己的视线范围内，且及时向前踢球，不要让脚离球太近，避免足球妨碍自己的脚步。

要点提示

盘带前进时，要及时向前踢球，球离脚太近或者太远都不易控球，也容易让球被对手夺走。此外，可以用外脚背或脚的姆趾附近触球，且触球力度不宜过大，避免球离开自己的控制范围。

足球运动

球感训练

停球技术

踢球技术

盘带技术

战略战术

团队训练

守门员技术

热身及体能训练

4.6

其他

01 可以是固定在原地的球，也可以是教练向球员方向踢过来的一个慢球。球员观察球与球门之间的位置关系，决定踢球位置后，迅速向其靠近，进行踢球前的助跑。

02 瞄准球门，使用脚背踢球技术，将球踢向球门。练习时，球员要依次踢出地滚球、半高球和高球，并交替使用左脚和右脚射门，进行全面综合的射门练习，保证球员在比赛中能够根据场上情况与战术需要，选择最优的射门方案，提高命中率。

01 当被多名防守球员围攻时，如果想保持对球的控制权，那球员在带球时应该采取屈膝半蹲的姿势，压低自己的重心，并在放宽双脚之间的距离的同时牢牢控制住足球。此外，要时刻注意周围的情况，避免被对手突袭。

02 被多名防守球员围攻时，不宜进行长时间的纠缠，应该在保持对球的控制权的前提下尽快带球突破。可以瞄准一点进行突破，运用假动作以及突然变向等技术，制造防守漏洞，并迅速带球越过，之后根据情况将球传给队友。

足球运动

球感训练

停球技术

踢球技术

盘带技术

战略战术

团队训练

守门员技术

热身及体能训练

在比赛中，有时候可以为了更快地带球前进而牺牲一些控球的严密性。例如，在我方反守为攻时，需要在对方的防守完全到位前尽快接近对方的球门，此时便可以暂时牺牲部分的控球严密性，以提高带球前进的速度。在快速带球前进时，应该用脚背外侧或整个脚背触球，将足球踢至几步远的位置，之后迅速追上，冲向球门。

要点提示

快速带球前进时，应该随时观察场上的变化，选择最优的路径向对方的球门靠近。踢球时，可以适当加大力度，将球推向前方开阔处，然后加速大步冲向前方的足球。注意避免球离开自己的控制范围。

足球运动

球感训练

停球技术

踢球技术

盘带技术

战略战术

团队训练

守门员技术

热身及体能训练

带球过人（脚底变向）》

扫一扫，看视频

01 面朝防守球员，带球向其靠近，并与球保持一定的距离。靠近后，左腿微屈撑地，且身体重心稍向左偏；右腿屈膝抬起，用脚掌触球，将球向左前方踢去。

02 踢完球后，右脚自然落在足球的左后方。身体随足球横向移动，左脚向前上步，并在落地前用脚弓触球，向前踢球。之后迅速追上足球，从防守球员身边迅速带球突破。

带球过人（变向转身与外脚背击球）》

01 带球靠近防守球员，并时刻观察场上的情况与防守球员的动向，选择合适的位置准备变向转身。

02 靠近防守球员后，右脚向右前迈步，跨过足球，落在足球与防守球员之间。

04 根据球的移动方向，继续向左转身，且左脚保持悬空。在足球滚到身前时，用左脚的外脚背触球，将球向斜前方踢去。注意，转身时始终要背对着防守球员，挡住其视线，让其没有机会断球。

03 迈步的同时向左转身，让自己背对防守球员，之后左腿屈膝抬起，用左脚脚掌触球，并向斜后方拉球，让球向身体靠近。

05 触球后，左脚顺势落地，并转身至出球的方向。迅速向前跑动，将防守球员甩在身后，尽快追上足球后继续带球前进。

扫一扫，看视频

01 带球靠近防守球员，在距离防守球员 2 米左右远时，重心左移，使身体略微向左倾斜，并做出用右脚脚弓向左前方踢球的假动作，迷惑对手；但实际上球员要用右脚脚弓向左踢球，使足球横向移动。同时左脚撑地，随球向左跳去。

02 右脚保持悬空，仔细观察防守球员对球做出的反应，抓住其胯下出现空当的机会，迅速用右脚的外脚背向前踢球，使球变向，从防守球员的双脚之间穿过。迅速绕过防守球员，尽快追上足球后继续带球前进。

 →

01 球员站在原地，足球在身前的可控范围内，并与防守球员保持一定距离。左腿站定撑地，同时右腿屈膝抬起，用右脚脚掌触球。在穿裆过人前可以略微向后拉球，使球向左腿方向移动，迷惑对手。

 →

02 仔细观察防守球员对球做出的反应，抓住其胯下出现空当的机会，用右脚脚掌将球向前推出，使球从防守球员的双脚之间穿过。此时错过防守良机的防守球员无法及时做出反应，球员应该迅速从其身边绕过，尽快追上足球后继续带球前进。

足球运动

球感训练

停球技术

踢球技术

盘带技术

战略战术

团队训练

守门员技术

热身及体能训练

01 球员站在原地，足球静止在身前的可控范围内，并与防守球员保持一定距离。轻轻跳起，同时用右脚脚弓触球，用力将球向左前方踢去，诱使防守球员大幅度向自己的右前方迈步。触球后右脚自然落地，并将右腿作为支撑腿。

02 身体随球向左移动，且右脚先落地。右腿微屈撑地，然后迅速用左脚脚弓轻轻触球，让球改为向右移动，且不要让球与防守球员距离过近。

03 左脚轻击球后自然落地，待足球移至身下后，用右脚脚弓向前踢球，使球从防守球员的双脚之间穿过。然后迅速从左侧绕过防守球员，追上足球。

足球运动

球感训练

停球技术

踢球技术

盘带技术

战略战术

团队训练

守门员技术

热身及体能训练

01 与防守球员保持一定距离，用右脚脚弓将球向左前方推出，且脚弓始终与足球保持接触；同时向左转身。

02 向左转身过半时，改为用右脚脚掌触球，将球停住，诱使防守球员向前抢球。之后再迅速将球后拉。

03 用右脚脚掌触球，将球拉回至身下，致球在左腿前方逆时针绕一圈。抓住防守球员被迷惑向前上步的破绽，改为用右脚的外脚背触球，将球向前踢出，使球从防守球员的双脚之间穿过。然后迅速从右侧绕过防守球员，尽快追上足球后继续带球前进。

01 教练站在球的对面，向球员方向出球。球员迅速向球靠近。

02 在球即将到达身前时，先抬起右脚做一个假动作，然后用右脚脚弓触球，向左后方踢球。

03 踢球的同时向左转身，与球的移动方向保持一致，追上球后带球前进。注意，要根据防守球员的位置选择出球方向与角度，让足球远离对手。

转身技术（脚外侧转身）>>

扫一扫，看视频

足球运动

球感训练

停球技术

踢球技术

盘带技术

战略战术

团队训练

守门员技术

热身及体能训练

01 教练站在球的对面，向球员方向出球。球员迅速向球靠近。

02 在球到达身前时，左脚踩实，右腿微屈内收且脚踝内旋。然后右腿前伸，用外脚背触球，向右后方踢球。

03 踢球的同时向右转身，与球的移动方向保持一致，追上球后带球前进。注意，要根据防守球员的位置选择出球方向与角度，让足球远离对手。

01 带球前进时，如果防守球员在后面追得很紧，那可以通过跨步转身摆脱对手。先抬起右腿，做传球的假动作，实际上要从足球的上方跨过，并落在足球的左前方。

02 右脚落地后左脚随之上步，然后左脚踩实支撑，右腿屈膝抬起，用右脚向斜后方踢球，同时身体右倾并向右转身至出球方向。迅速从防守球员身边绕过，追上球后带球前进。

01 背对防守球员接住传球后，左腿微屈撑地，右脚抬起，用脚弓向斜后方推球，并随之向左转身。其间，脚弓始终与足球保持接触，紧密控球；左臂屈肘抬起，挡住防守球员。

02 带球向左转身 180 度后，立即改为外脚背触球，迅速将球向斜前方踢出。在防守球员做出反应前随球向前跑去，从防守球员身边绕过，追上球后带球前进。

足球运动

球感训练

停球技术

踢球技术

盘带技术

战略战术

团队训练

守门员技术

热身及体能训练

01 背对防守球员，用右脚脚弓向斜后方推球，并随之向左转身。其间，脚弓始终与足球保持接触，紧密控球。

02 带球转至正对防守球员，在防守球员重心左移准备进行拦截时，迅速用右脚脚弓将球向自己的左方踢去。

03 身体前倾并继续左转，其间，右脚保持悬空。在球滚过防守球员后，用右脚的外脚背触球，将球向斜前方踢去。在防守球员做出反应前随球向前跑去，从防守球员身边绕过，追上球后带球前进。

扫一扫，看视频

01 背朝防守球员，用身体挡住其视线。压低重心，左腿屈膝撑地，右脚踩球。

02 左脚撑地略微向上跳起，同时右脚脚掌触球，轻轻向后拉球，将足球拉至身前。

03 迅速转动右脚脚踝，在球滚至身前时用右脚脚背触球，将球向斜后方踢去。踢球的同时向右转身，且将手臂举起，用手和身体对防守球员施加压力。转身至出球方向，在防守球员做出反应前随球向前跑去，从防守球员身边绕过，追上球后带球前进。

足球运动

球感训练

停球技术

踢球技术

盘带技术

战略战术

团队训练

守门员技术

热身及体能训练

01 背对防守球员，仔细观察来球的速度和方向，预判球的落点，右腿屈膝抬起，准备停球。在球落地后，用右脚脚底踩住足球，以免球向上弹起。

02 看准防守球员的位置，用脚底向斜后方拉球，让足球从防守球员的双脚之间穿过。拉球的同时向右转身，且转身期间右脚不落地。转身至出球方向后，右脚自然落在左脚的右后方。在防守球员做出反应前随球向前跑去，从防守球员身边绕过，追上球后带球前进。

足球运动

球感训练

停球技术

踢球技术

盘带技术

战略战术

团队训练

守门员技术

热身及体能训练

01 背对防守球员，在确定好防守球员的位置后，左脚略微踮起，并以左腿为轴向左转身；其间右脚抬起，用脚弓触球，且始终与足球保持接触，带球转身。待转身至即将正对防守球员时，迅速瞄准并向斜前方踢球，让足球从防守球员的双脚之间穿过。

02 踢球后，继续转身，让右脚落在左脚的左前方，以便迅速过人。在防守球员做出反应前随球向前跑去，从防守球员身边绕过，追上球后带球前进。

扫一扫，看视频

01 带球前进，向防守球员靠近。在防守球员向前上步，即将挡在自己的运球路线上时，迅速用右脚脚底踩球，将球停住。注意，停球位置不能离防守球员太近。

02 右脚脚掌触球，向斜后方拉球。之后右脚随球后移，并在球滚至身下时改为右脚内侧触球，向右前方踢球。在防守球员做出反应前随球向前跑去，从防守球员身边绕过，追上球后带球前进。

足球运动

球感训练

停球技术

踢球技术

盘带技术

战略战术

团队训练

守门员技术

热身及体能训练

01 带球前进，在靠近防守球员后，左腿撑地，右腿屈膝抬起并向后摆腿，做出要猛踢足球的假动作，迷惑防守球员。

02 趁防守球员重心前移准备防守时，立即用右脚向左前方踢球，同时向左转身至出球方向。

03 在防守球员做出反应前随球向前跑去，从防守球员身边绕过，追上球后带球前进。

01 如果有防守球员紧紧跟在自己的身旁，在确认好自己与防守球员之间的距离后，抬起右腿，用右脚轻轻踩球，假意停球，引诱防守球员停下脚步且重心右移。

02 在球即将停下来的瞬间，将球向前推出，让球快速移动。在防守球员做出反应前随球向前跑去，加速越过防守球员，追上球后带球前进。

挑球过人 >>

扫一扫，看视频

足球运动

球感训练

停球技术

踢球技术

盘带技术

战略战术

团队训练

守门员技术

热身及体能训练

01 如果前方有防守球员朝自己靠近，准备抢球，球员要边运球边观察周围的情况，并在防守球员向前伸脚封锁球路时，右腿略微后摆，准备挑球。

02 将脚尖伸到球的下面，利用脚踝的力量将球向上挑起，使球向斜前方飞去，越过防守球员。

03 挑球的同时略微向左转身，并在防守球员做出反应前随球向前跑去，绕过防守球员后继续带球前进。

01 侧对防守球员，用右脚踩球，将球后拉并向上挑球。挑球后，右腿前伸，右脚抬起，让球停在脚背上。

02 脚尖上扬，在身前轻轻将球向上颠起。注意，此时要与防守球员保持一定的距离。

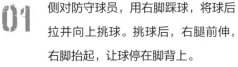

03 在球下落后，右腿抬高并水平前摆，用脚背触球，用力向上踢球，使球从防守球员的头顶飞过。踢球后，迅速朝出球方向跑去，并从防守球员身后绕过。追球时，要仔细观察球的速度与方向，以精确预测球的落点，在球落地后尽快控球。

扫一扫，看视频

足球运动

球感训练

停球技术

踢球技术

盘带技术

战略战术

团队训练

守门员技术

热身及体能训练

01 通过假动作诱使防守球员双脚打开，之后瞄准其双脚之间的空当，右腿屈膝抬起，用右脚脚掌靠近脚尖的位置触球，向后拉球至身下。

02 拉球后，左脚迅速撑地，小幅度向前跳去，用右脚脚弓上方触球的中心位置，向前踢球，让球从防守球员的双脚之间穿过。右脚最后落在身体的左前方，方便球员转身至出球方向，从防守球员身边绕过，然后尽快追上球。

01 观察来球的路线，向来球靠近。在球到达身前时，向右转身，同时右脚略微抬起，用右脚脚弓轻轻触球，减弱来球的力量，让球变为横向移动。

02 继续向右转身，同时转动脚踝，改为用外脚背触球，利用球本身的势能将球向右前方踢去。踢球时，身体前倾，压低重心。踢球后，继续转身至出球方向，右脚自然落地，在防守球员做出反应前随球向前跑去，从防守球员身边绕过，追上球后带球前进。

扫一扫，看视频

足球运动

球感训练

停球技术

踢球技术

盘带技术

战略战术

团队训练

守门员技术

热身及体能训练

01 带球靠近对手，且与防守球员保持一定距离。右腿撑地，左腿屈膝抬起，用左脚前脚掌触球，将球后拉，使球向右脚方向滚动。

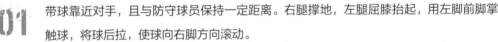

02 左脚落地后，将重心移至左脚，同时右腿前摆，将右脚尖伸至球下且使脚尖指向出球方向。轻轻向上跳起，同时右脚向左前方挑球，使球从防守球员身边飞过。挑球后右脚自然落在身体的左前方，重心前移，随球向前跑去，从防守球员身边绕过，追上球后带球前进。

第6章
战略战术

在足球比赛中，战略战术的合理应用是取得胜利的关键。不管是个人战术还是团队战术，球员都需要熟练掌握，以应对不同的情况，帮助球队获得胜利。本章会介绍1对1时的进攻、防守战术以及整体进攻战术，球员要根据情况合理应用。

Chapter 6

6.1

个人对抗训练

个人进攻训练——1v1 ≫

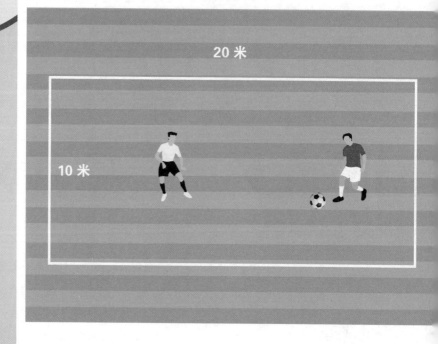

20 米

10 米

- ◉ 人数：两人
- ◉ 时间：20 分钟
- ◉ 场地布置：围一个长为 20 米、宽为 10 米的场地。
- ◉ 训练步骤：

  1. 一名球员持球；另一名球员作为防守球员，对持球球员进行防守。

  2. 持球球员在场地内练习控球，对球进行紧密的控制，并通过假动作、突然改变速度和方向等方式带球远离防守球员。其间，持球球员与球均不能离开场地。

  3. 教练在场地外计时，每 30 秒为一轮。如果持球球员在规定时间内始终保持对球的控制权，则获得一分。上述带球训练总共要完成 10 轮，且每轮训练间有 30 秒的休息时间。

  4. 交换角色，进行练习。

变化 为了提高训练难度，可以加入第二个防守球员，由两名防守球员共同对持球球员进行防守。此外，还可以缩小场地面积，持球球员在控球期间同样不能离开场地。注意第一次触球的质量和触球前打开身位。

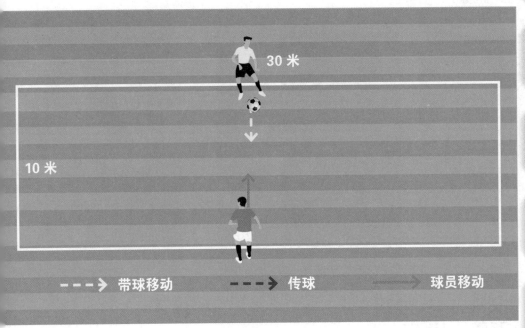

30 米

10 米

- - - ➤ 带球移动　　　- - - ➤ 传球　　　──────➤ 球员移动

足球运动

球感训练

停球技术

踢球技术

盘带技术

战略战术

团队训练

守门员技术

热身及体能训练

◉ 人数：两人

◉ 时间：15~20 分钟

◉ 场地布置：围一个长为 30 米、宽为 10 米的场地。

◉ 训练步骤：

　　1. 两名球员分别站在场地的长边，面对面站好，其中一名球员持球，另一名球员作为防守球员。

　　2. 在教练发出口令后，持球球员带球向对面跑去，试图越过防守球员并通过边线；同时防守球员快速前移，向足球靠近，对持球球员进行防守，阻止其突破自己，并试图抢球或将球踢出场外。若持球球员通过边线，则持球球员获得一分。如果防守球员在持球球员通过边线前成功抢到球或是将球踢出场外，则防守球员获得一分。

　　3. 防守时，防守球员要使用前后站立的防守姿势。上述防守训练总共要完成 20 轮，每轮结束后两人要各自回到起始位置，等待教练发出口令后再次开始训练。

　　4. 两人交换角色，然后再进行 20 轮防守训练。最后得分最高的球员获胜。

| 变化 | 为了提高训练难度，可以将场地的宽度缩短，让防守球员在更短的时间与距离内进行有效的拦截，以提升球员防守的效果。此外，可以让球员尝试不同的防守姿势，但要求在防守时保持身体平衡和控制好身体。 |

必备技巧 ≫

01 比赛中，无论何时，无论是否持球，都不要长时间低头，要时刻观察场上情况。

02 为了摆脱防守，持球球员需要有在快速移动的同时精准控球的能力。

03 比赛中，持球球员要保持思考，分析局势，以选择合适的技术进行下一步。

04 球员可通过假动作等方式来迷惑对手，并且注意观察对手的重心变化，以快速突破

简单 1 v 1 ≫

足球运动

球感训练

停球技术

踢球技术

盘带技术

战略战术

团队训练

守门员技术

热身及体能训练

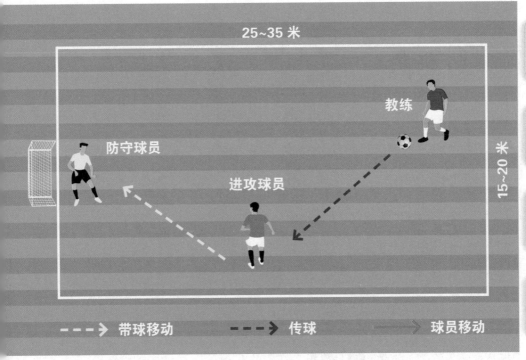

25~35 米

教练

防守球员

进攻球员

15~20 米

- - - → 带球移动　　- - - → 传球　　──→ 球员移动

◎ 人数：10~16 人，每两人一组　　　　◎ 时间：15~20 分钟

◎ 场地布置：围一个长为 25~35 米、宽为 15~20 米的场地，并在一侧的中央放置一球门。

◎ 训练步骤：

　　1. 一名球员为防守球员，站在球门前；另一名球员为进攻球员，站在场地中间并靠近边线的位置。教练站在球门的对侧靠近更侧边线的位置，待球员准备好后，传球给进攻球员。

　　2. 进攻球员接到球后，带球向球门移动；同时防守球员迅速向其靠近，进行拦截，并努力抢球。在两人 1v1 的情况下，进攻球员寻找机会射门。

　　3. 两人互换角色，重新进行训练。然后换下一组球员进行训练。

变化　开始前，防守球员可以选择站在进攻球员的身边，通过改变防守球员的初始位置训练进攻球员的应变能力，同时也让防守球员熟悉不同的防守模式。此外，进攻球员在接球时也可以选择不同的接球方式，但要根据来的情况合理选择。

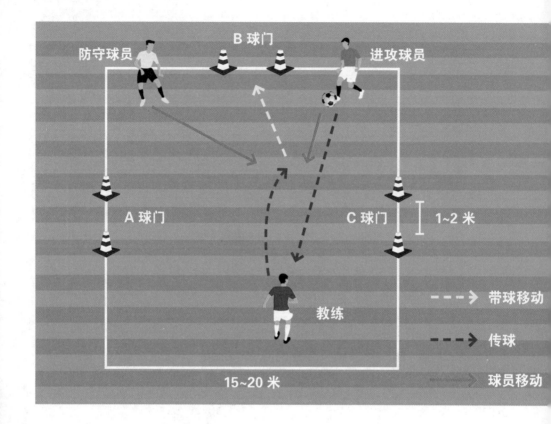

- 人数: 10~16 人，每两人一组
- 时间: 15~20 分钟
- 场地布置: 围一个边长为 15~20 米的正方形场地，并在三条边线中央都放置一组锥桶（两个锥桶，余同）作为球门区域，分别为 A、B、C 球门，其中每组锥桶间距为 1~2 米。
- 训练步骤:

1. 教练站在没有球门的边线前，进攻球员与防守球员分别站在教练对面球门的两侧，并由进攻球员持球。

2. 进攻球员将球传给教练，教练随即指定一个球门，然后进攻球员和防守球员同时追球，向教练靠近。而且防守球员要观察进攻球员的移动路线，准备对其进行拦截。

3. 在进攻球员和防守球员即将相遇前，教练将球回传给进攻球员，且教练每次都要根据情况选择不同的回传球路。在进攻球员接到球后，防守球员对其进行防守，并努力抢球。

4. 进攻球员观察防守球员动作，在护球的同时，尽快绕过防守球员带球靠近指定球门，然后射门。

5. 两人互换角色，重新进行训练。然后换下一组球员进行训练。

足球运动

球感训练

停球技术

踢球技术

盘带技术

战略战术

团队训练

守门员技术

热身及体能训练

有支援球员的 1v1 ≫

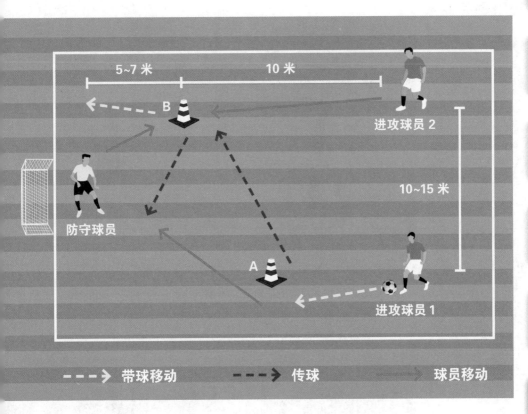

5~7 米　　　10 米

B

进攻球员 2

10~15 米

A

防守球员

进攻球员 1

- - - ➤ 带球移动　　- - - ➤ 传球　　　　球员移动

◉ 人数: 9~15 人，每三人一组　　　　　　◉ 时间: 15~20 分钟

◉ 场地布置: 选择一大小适中的场地，并在场地内放置两个锥桶。

◉ 训练步骤:

1. 一名球员为防守球员，站在球门前方；另两名球员为进攻球员，进攻球员 2 站在球门对侧距离锥桶 B 10 米的位置，进攻球员 1 站在另一条边线附近。由靠近锥桶 A 的进攻球员 1 持球，且两人间距为 10~15 米。

2. 进攻球员 1 带球向锥桶 A 靠近，同时进攻球员 2 迅速向锥桶 B 移动。

3. 待进攻球员 2 到达锥桶 B 附近后，进攻球员 1 将球传给进攻球员 2。与此同时，防守球员向进攻球员 2 靠近，对其进行防守，并设法抢球。

4. 进攻球员 1 完成传球后，迅速跑到球门前方的位置；进攻球员 2 观察防守球员与进攻球员 1 的位置，分析场上局势，选择直接突破防守球员后射门，或是伺机将球回传给进攻球员 1，由进攻球员 1 射门。

5. 三人互换角色，轮流当防守球员、持球球员与支援球员，直至每人都尝试了三个角色。之后换下一组球员进行训练。

1∨1防守战术

01 防守时，双脚前后开立，方便球员在保持身体平衡的前提下用脚步牵制对手。此外，上身正对持球球员，仔细观察其动向。在防线马上要被突破的紧要关头，可以尝试铲球，但不要犯规。

02 防守时，与持球球员保持适当的距离，因为离太远不易进行防守，而离太近容易被对手转身带球突破。此外，要选择在合适的位置进行防守，通过自己所站的位置来限制对手传球、射门等。

分边过线 1v1 »

足球运动

球感训练

停球技术

踢球技术

盘带技术

战略战术

团队训练

守门员技术

热身及体能训练

15~20 米

10~15 米

教练

防守球员

进攻球员

- - - ➤ 带球移动   - - - ➤ 传球   球员移动

◉ 人数：10~16 人，每两人一组   ◉ 时间：15~20 分钟

◉ 场地布置：围一个长为 15~20 米、宽为 10~15 米的场地。

◉ 训练步骤：

　　1. 两名球员面对面站在场地的两侧，分别为进攻球员与防守球员。教练站在场地边缘，待两人准备好后将球传给进攻球员。

　　2. 进攻球员控球后迅速向前跑去，同时防守球员上前进行防守，并设法抢球。

　　3. 如果进攻球员成功突破防守球员，且带球到达对侧的边线，则进攻球员获得一分；如果防守球员抢到球并带球到达对侧的边线，则防守球员获得一分。

　　4. 球员带球达到对侧边线或者球出界后，该轮训练结束，然后两人互换角色，重新进行训练。之后换下一组球员进行训练。

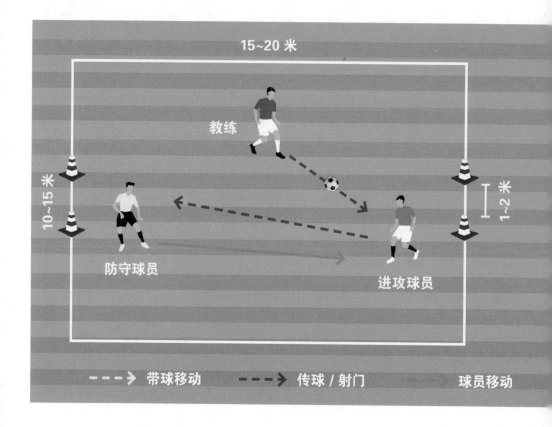

15~20 米

10~15 米

教练

1~2 米

防守球员

进攻球员

- - - → 带球移动   - - - → 传球 / 射门   球员移动

◉ 人数: 10~16 人,每两人一组   ◉ 时间: 15~20 分钟

◉ 场地布置: 围一个长为 15~20 米、宽为 10~15 米的场地,并在两侧边线的中央各放置一组锥桶作为球门,其中每组锥桶间距为 1~2 米。

◉ 训练步骤:

1. 两名球员面对面站在场地的两侧,分别为进攻球员与防守球员。教练站在场地中间靠近边线的位置,待两人准备好后将球传给进攻球员。

2. 防守球员迅速向进攻球员跑去,对其进行防守,阻挡其射门并设法抢球。进攻球员在突破防守后,或是在保证对球的控制权的前提下,瞄准对面的球门,进行射门。如果防守球员抢到足球,那立即朝对面球门发起进攻,而进攻球员要对其进行防守,并努力将球抢回。将球踢进对面球门的球员获得一分。

3. 球员射门得分或者球出界后,该轮训练结束,然后两人互换角色,重新进行训练。之后换下一组球员进行训练。

有目标球员的分边过线 1v1 ≫

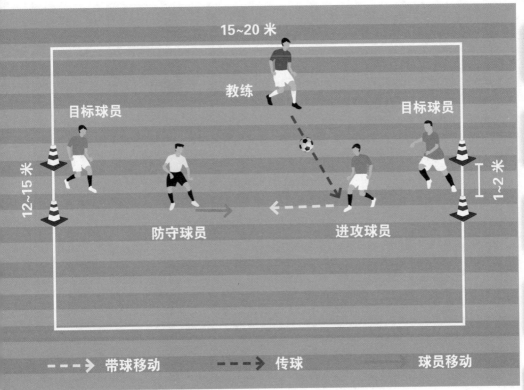

15~20 米

教练

目标球员   目标球员

12~15 米   1~2 米

防守球员   进攻球员

- - -▶ 带球移动   - - -▶ 传球   球员移动

足球运动

球感训练

停球技术

踢球技术

盘带技术

战略战术

团队训练

守门员技术

热身及体能训练

◉ 人数：10~16 人，每两人一组   ◉ 时间：15~20 分钟

◉ 场地布置：围一个长为 15~20 米、宽为 12~15 米的场地，并在两侧边线的中央各放置一组锥桶作为球门，其中每组锥桶间距为 1~2 米。

◉ 训练步骤：

1. 选择两名球员分别站在两侧球门前作为目标球员；另选择两名球员面对面站在场地的两侧，分别为进攻球员与防守球员。教练站在场地中间靠近边线的位置，待两人准备好后将球传给进攻球员。

2. 进攻球员控球后迅速向前跑去；同时防守球员上前进行防守，并设法抢球。

3. 进攻球员向对面突破的过程中，可以选择将球传给两边的目标球员，通过多次的回传球来突破防守。因此，防守球员要挡在进攻球员和目标球员之间，看准机会阻挡传球，并设法抢球。

4. 如果进攻球员带球到达对侧的边线，则进攻球员获得一分；如果防守球员抢到球并带球到达对侧的边线，则防守球员获得一分。

5. 球员带球到达对侧边线或者球出界后，该轮训练结束，然后两人互换角色，重新进行训练。之后换下一组球员进行训练。

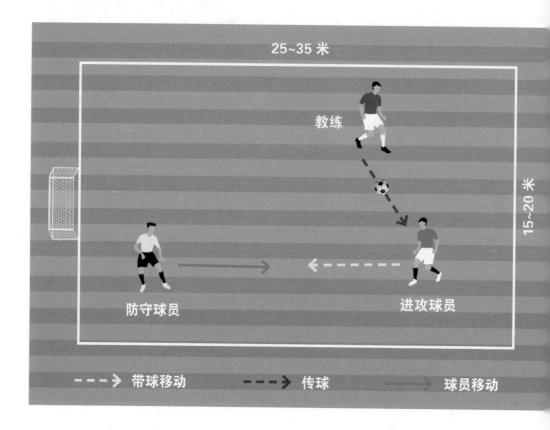

25~35 米

教练

15~20 米

防守球员　　　　　　　　　　　进攻球员

‑ ‑ ‑ ➤ 带球移动　　　　‑ ‑ ‑ ➤ 传球　　　　　　球员移动

◉ 人数: 10~16 人，每两人一组　　　　◉ 时间: 15~20 分钟

◉ 场地布置: 围一个长为 25~35 米、宽为 15~20 米的场地，并在一侧的中央放置一球门。

◉ 训练步骤:

1. 两名球员面对面站在场地的两侧，分别为进攻球员与防守球员。教练站在场地边缘，待两人准备好后将球传给进攻球员。

2. 进攻球员控球后迅速向前跑去，同时防守球员上前进行防守，并设法抢球。在两人 1v1 的情况下，进攻球员需要在保证对球的控制权的前提下，瞄准对面的球门，进行射门。

3. 防守球员在防守时，不仅要阻挡进攻球员射门，还要设法抢球。抢球后迅速转守为攻，尝试射门。

4. 有球员进行射门后，该轮训练结束。然后两人互换角色，重新进行训练。之后换下一组球员进行训练。

足球运动

球感训练

停球技术

踢球技术

盘带技术

战略战术

团队训练

守门员技术

热身及体能训练

有支援球员的 1v1（防守版）≫

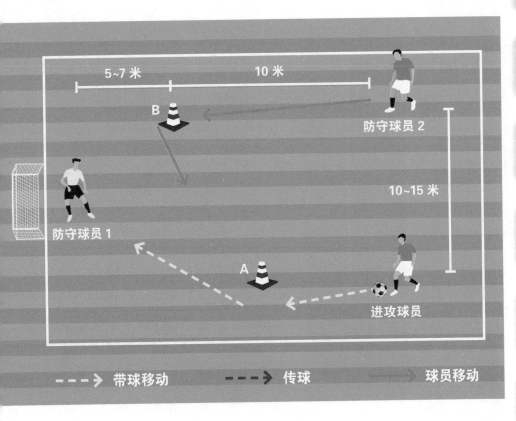

◉ 人数：9~15 人，每三人一组　　　　◉ 时间：15~20 分钟

◉ 场地布置：选择一大小适中的场地，并在场地内放置两个锥桶。

◉ 训练步骤：

1. 两名球员为防守球员，防守球员 1 站在球门前方，防守球员 2 站在球门对侧距离锥桶 B 10 米的位置；一名进攻球员站在另外一侧边线附近，面对锥桶 A 持球站立，与防守球员 2 相距 10~15 米。

2. 进攻球员带球向锥桶 A 靠近，同时防守球员 2 向锥桶 B 跑去，当防守球员 2 到达锥桶 B 后才可以参与防守。

3. 进攻球员将球带至锥桶 A 后可以选择在防守球员 2 还没到位的时候就选择射门，或者继续带球前进。

4. 站在球门前方的防守球员 1 仔细观察进攻球员的动向，选择防守进攻球员的方式；防守球员 2 则需要快速到达锥桶 B，参与防守。

5. 如果有球员射门或者球被防守球员抢走，该轮训练结束，三人互换角色，轮流当防守球员、持球球员与支援球员，直至每人都尝试了三个角色。之后换下一组球员进行训练。

第 6 章　战略战术　　141

三角式传球的原则 ≫

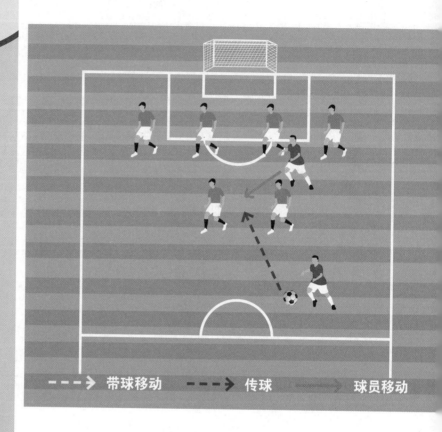

- - - → 带球移动　- - - → 传球　───→ 球员移动

01 比赛中，接球球员应当能够通过简单的动作迅速摆脱盯防，以在严密的防守中接到传球。

02 持球球员在进行三角形路线传球时，必须保证传球的准确性、力度和速度，使传球不会被防守球员轻易拦截，让队友能够顺利接到传球。

03 在传球前，持球球员也要考虑队友会用哪只脚接球，之后会向哪个方向前进，方便队友在接到球后能迅速采取行动。

04 接球前，队友可以通过绕圈等方式，以较为复杂的路线从防守球员身旁绕过，以免在接球前被防守球员近身。

足球运动

球感训练

停球技术

踢球技术

盘带技术

战略战术

团队训练

守门员技术

热身及体能训练

三角式传球的基本练习 »

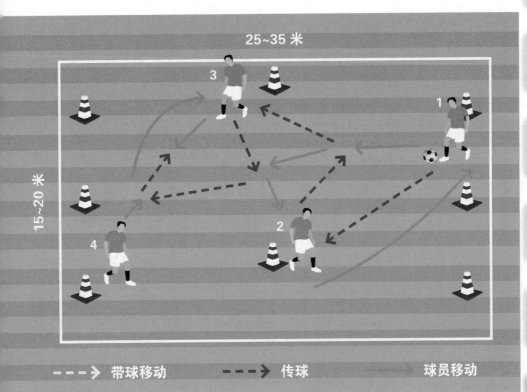

25~35 米

15~20 米

- - - → 带球移动 - - → 传球 球员移动

◎ 人数: 2~6 人　　　　　　　　◎ 时间: 5 分钟

◎ 场地布置: 选择一大小适中的场地, 并在场地内放置 8 个锥桶。

◎ 训练步骤:

1. 四名球员分散站在场地内, 并由球员 1 持球。

2. 球员 1 传球给球员 2 后迅速向前跑去, 并接受球员 2 的回传球。球员 2 在完成传球后, 向球员 1 的起始位置移动。

3. 球员 1 将球传给球员 3 后继续向前移动, 并接受球员 3 的回传球; 同时球员 4 向前移动。

4. 球员 1 将球传给球员 4 后, 向球员 2 的起始位置移动。

5. 球员 4 将球传给跑上前进行接应的球员 3, 然后向球员 3 的起始位置移动。

6. 球员 3 在接到传球后, 向球员 4 的起始位置移动。至此完成一轮通过三角形路线传球逐步向前推进的练习。之后由球员 2 开始, 重新进行练习, 以此类推, 直至所有球员完成训练。

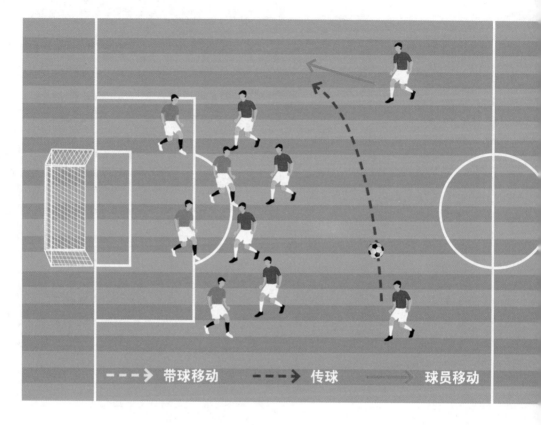

01 换边进攻时，往往会用到长距离的传球，这需要较高的传球技术，使球能够被踢到正确的位置，且保证球不会被防守球员截走。

02 换边进攻时，球员不能使用速度慢的高飞球，应该通过速度快的低空球来传球，让防守球员无法轻易追上传球。

03 换边进攻的目的是在防守较为薄弱的地方展开攻势，因此传球的方向十分重要，要抓住防守球员分布不均的机会，瞄准较为空旷的地方传球。如果防守球员采用分布均匀的阵形，那并不适合运用换边进攻。

04 换边进攻前，可以通过带球移动或者三角式的传球方式迷惑防守球员，吸引防守球员向自己队友靠近，使对方球员分布不均，为之后的换边进攻做准备。

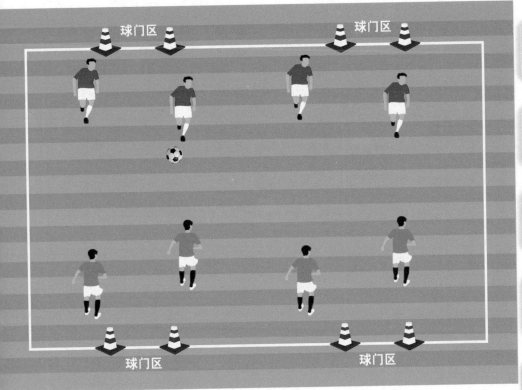

球门区　　球门区

球门区　　球门区

◉ 人数：8~12 人　　　　　　　　　　◉ 时间：15~25 分钟

◉ 场地布置：选择一大小适中的场地，并在场地两侧各放置两组锥桶作为球门区。

◉ 训练步骤：

　　1. 球员进入场地内，平均分成两队，并在场地的两侧面对面站立。其中一队为进攻队，另一队为防守队。然后任选进攻队的一名球员持球。

　　2. 进攻球员向对面跑去，运用换边进攻的方式开展进攻，将球踢进对面的任意一球门即可。为了能够顺利运用换边进攻，进攻球员之间要相互配合，先将防守球员诱导到场地的一边，再将球传到防守球员较少的一边开展进攻。

　　3. 防守球员积极进行防守，并设法抢球。如果防守球员抢到球，则防守球员立即向对面球门区展开进攻，且也需要运用换边进攻。

　　4. 如果有球员射门或者球出界，该轮训练结束，然后两队互换角色，重新进行训练。之后换其他球员进行训练。

足球运动

球感训练

停球技术

踢球技术

盘带技术

战略战术

团队训练

守门员技术

热身及体能训练

边翼进攻的原则 ≫

- - - ➤ 带球移动　　- - - ➤ 传球　　　　球员移动

01 比起从中央突破，向边翼进攻能够更容易地靠近球门。边翼进攻时，持球球员先从边翼深入敌方，然后再传中球，将球传给正对球门的队友。传中球时，持球球员可以根据防守球员的位置，选择从附近柱旁、远柱旁或是斜传回将球传给队友。

02 传中球时，持球球员还要根据场上的防守情况，选择传高过防守球员头顶的高空球、低空球或是高速地面球，且要保证传球的稳定性与精准度。

03 在比赛中，负责接应传中球的球员必须快速冲向球门区抢点，且能够在高速状态下射门。如果球员停顿下来接吊中球，会大大削弱射门的威力，从而降低进球的可能性。

04 负责接应传中球的球员可以运用不同假动作欺敌技巧设法扰乱防守球员的视线，从而摆脱防守球员，方便自己接球射门。例如，球员可以先假跑绕到防守球员背后，再出现在其前方等。

足球运动

球感训练

停球技术

踢球技术

盘带技术

战略战术

团队训练

守门员技术

热身及体能训练

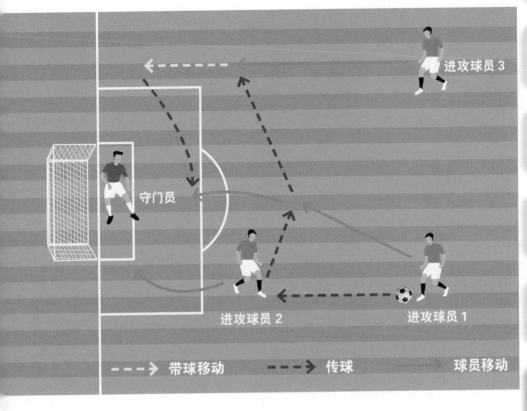

进攻球员 3

守门员

进攻球员 2 进攻球员 1

- - - ➤ 带球移动   - - - ➤ 传球   球员移动

◉ 人数: 12~18 人，每三人一组   ◉ 时间: 15~20 分钟

◉ 场地布置: 选择足球场球门前的区域进行训练。

◉ 训练步骤:

　　1. 教练站在球门前，作为守门员；三名进攻球员站在罚球区外。

　　2. 由进攻球员 1 持球。进攻球员 1 传球给进攻球员 2 后迅速向前跑去，并接受进攻球员 2 的回传球。与此同时，进攻球员 3 从边翼冲上前。

　　3. 进攻球员 1 传球给进攻球员 3，然后继续向前跑去，进入罚球区。进攻球员 3 接到传球后，带球前进到底线附近。同时，进攻球员 2 也向前移动进入罚球区。

　　4. 进攻球员 3 时刻观察场上局势，待进攻球员 1 与进攻球员 2 进入罚球区后，根据情况传出吊中球，将球精准地传给合适的队友。而队友在接到传球后迅速射门。

　　5. 如果有球员射门或者球出界，该轮训练结束，三人互换位置，直至每人都在三个位置上练习了。之后换下一组球员进行训练。

突破后卫线的原则 »

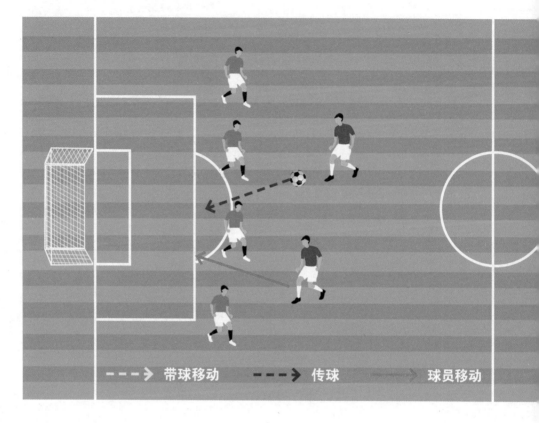

- - - → 带球移动   - - - → 传球   ──────→ 球员移动

01 后卫线是对方的最后一层防守，而突破后卫线的方法要根据防守球员所站的位置而定。要将球传到离球门较近的位置，就需要队友切入后卫线的后方，并利用渗透性传球来制造射门机会。

02 在进攻时，球员要迅速观察情况并做出判断，决定接下来的进攻方式，不给防守球员过多的预测时间。这需要大量的练习来锻炼球员随机应变的能力与培养默契。

03 如果对手的后卫线离球门比较近，那持球球员可以选择中距离射门，诱使防守方将后卫线往前推进，让进攻更加有效。

04 接球球员如果想要突破防守到达球门前的区域，经常要依靠撞墙球及熟练的过人技术，发动快速且出人意料的进攻来摆脱防守球员。此外，也可以尝试引诱对手犯规的方法。

突破距离球门较远的后卫线 》》

足球运动

球感训练

停球技术

踢球技术

盘带技术

战略战术

团队训练

守门员技术

热身及体能训练

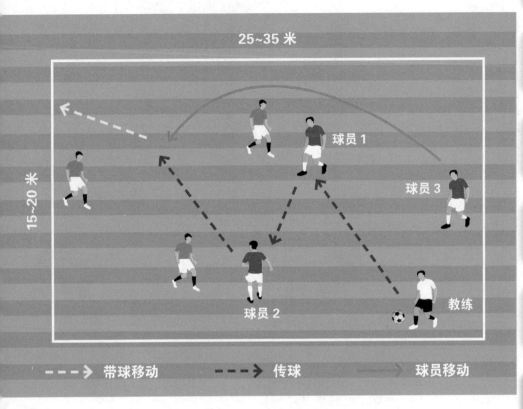

25~35 米

15~20 米

球员 1

球员 3

球员 2

教练

┄┄➤ 带球移动　　┄┄➤ 传球　　　━━➤ 球员移动

◎ 人数: 6~12 人　　　　　　　　　　◎ 时间: 15~20 分钟

◎ 场地布置: 围一个长为 25~35 米、宽为 15~20 米的场地。

◎ 训练步骤:

1. 六名球员进入场地内，平均分为两队，分别为进攻队与防守队。各球员所站的初始位置如图所示。教练站在场边的右下角，待球员准备好后，传球给球员 1。

2. 球员 1 接到传球后，将球传给球员 2。同时球员 3 从防守球员后方越过，向对方的底线靠近，伺机发动叠瓦式助攻。

3. 待球员 3 突破防守即将到达底线区域时，球员 2 迅速将球传给球员 3，由球员 3 带球突破对手的底线。如果进攻球员带球穿越对方底线，则进攻组获得一分。

4. 防守球员积极进行防守，并设法抢球。如果防守球员抢到球，则防守球员立即向对面底线发起进攻，且位于底线的球员也要伺机发动叠瓦式助攻。

5. 球员带球穿越对方底线或者球出界后，该轮训练结束，然后两队互换角色，重新进行训练。之后换下一组球员进行训练。

第 7 章
团队训练

足球是一项团体运动，在比赛中球员需要相互配合，运用不同团队战术进行防守或进攻，以充分发挥团队优势。在平时训练时，应该进行足够的团队训练，在提高各项技术的同时，培养球员之间的默契，让球员之间的配合更加高效、流畅。

三人组团队训练（三人呈90度）》

两条边呈90度角

◉ 人数：3人　　　　　　　◉ 时间：15~20分钟

◉ 场地布置：选择一块大小适中的平坦场地。

◉ 训练步骤：

　　1.三人在场地内分散站开，且连线夹角呈90度。其中，站在中间的球员站在垫子上。

　　2.站在外侧的两名球员轮流向站在中间的球员传球。注意，两名球员不能同时传球，每次传球前要有一定的间隔时间，保证训练效果。

　　3.站在中间的球员可以将球直接回传，也可以在控球后将球回传。其中，球员可以通过胸部、大腿、脚弓或是脚背停球等方式控球；通过脚弓、脚背等方式回传球。

　　4.每人训练5分钟，然后换另一名球员站在中间进行传球训练，直至每名球员都站在中间完成训练。

三人组团队训练（三人呈180度）>>

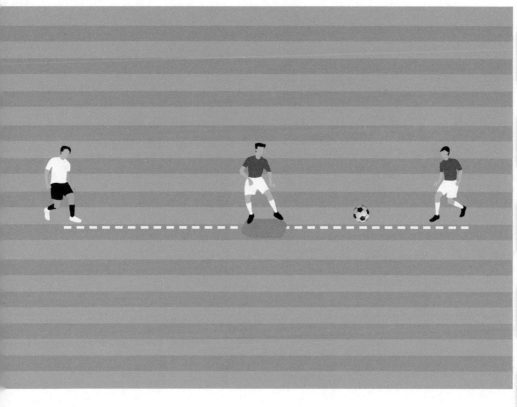

足球运动

球感训练

停球技术

踢球技术

盘带技术

战略战术

团队训练

守门员技术

热身及体能训练

◎ 人数：3 人　　　　　　　　　◎ 时间：15~20 分钟

◎ 场地布置：选择一块大小适中的平坦场地。

◎ 训练步骤：

1. 三人在场地内分散站开，并处在一条水平直线上。其中，球员之间的间距要大致相同，且站在中间的球员要站在垫子上。

2. 站在外侧的两名球员轮流向站在中间的球员传球。注意，两名球员不能同时传球，每次传球前要有一定的时间间隔，给中间球员转身的时间，以保证训练效果。

3. 站在中间的球员可以将球直接回传，也可以在控球后将球回传。其中，球员可以通过胸部或是大腿停球等方式控球；通过脚弓、脚背、头部传球等方式回传球。

4. 每人训练 5 分钟，然后换另一名球员站在中间进行传球训练，直至每名球员都站在中间完成训练。

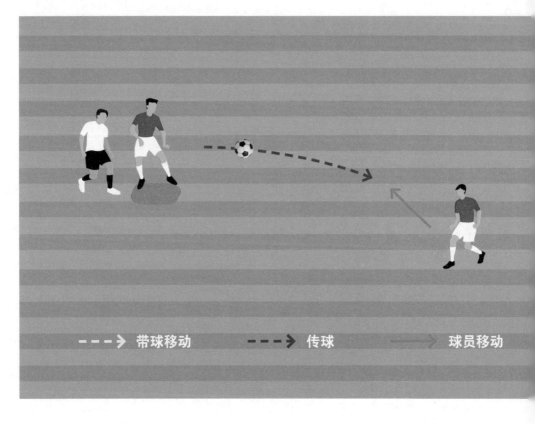

- - - -➤ 带球移动　　　　- - - -➤ 传球　　　　——➤ 球员移动

◎ 人数：3 人　　　　　　　　　　　◎ 时间：15~20 分钟

◎ 场地布置：选择一块大小适中的平坦场地。

◎ 训练步骤：

1. 三人进入场地内，其中：一人站在垫子上；一人对垫子上的球员进行近距离的防守；另一人站在一定距离外，作为接球球员。

2. 教练将球传给垫子上的球员，球员通过胸部或是大腿在原地接停球，使球能够停在自己的控制范围内。之后迅速将球传给接球球员。其间，防守球员要不断拦截抢球，给垫子上的球员制造压力。而站在垫子上的球员不仅要安全控球、准确传球，还要时刻注意防守球员的动向，避免球被抢走。

3. 垫子上的球员也可以选择直接将来球传给接球球员，通过脚弓、脚背、头部传球等方式准确将球直接踢向接球球员。

4. 训练 5 分钟后，三人互换角色，轮流当防守球员、站在垫子上的球员与接球球员，直至每人都尝试了三个角色。

扫一扫，看视频

足球运动

球感训练

停球技术

踢球技术

盘带技术

战略战术

团队训练

守门员技术

热身及体能训练

◉ 人数：3 人

◉ 时间：15~20 分钟

◉ 场地布置：选择一块大小适中的平坦场地。

◉ 训练步骤：

1. 三人在场地内分散站开，练习颠球。其间，球员要在保证球不掉在地上的前提下，尽量在原地颠球。

2. 颠球时，球员可以选择只用脚背、大腿或是头部颠球，或是轮流使用脚背、大腿和头部颠球。此外，用脚背或是大腿颠球时，球员可以只使用右脚或只使用左脚，也可以两脚交替颠球，以充分锻炼自己的球感与控球的稳定性、准确性。

3. 如果球掉到地面，球员可以单脚将球后拉，给球提供滚动到脚背或脚趾的冲力。待球滚至身下后，将球向上挑起，然后继续练习颠球。

4. 除了进行单人的颠球训练外，球员还可以分组训练，两人或三人为一组，面对面站立，用脚背、大腿或头部触球，将来球传给队友。

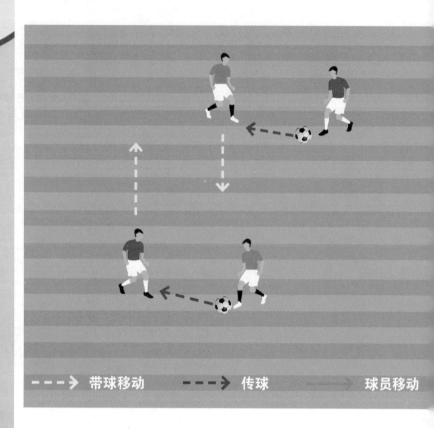

- - - → 带球移动　　- - - → 传球　　━━━→ 球员移动

◉ 人数：4~8 人　　　　　　　　　　◉ 时间：10~15 分钟

◉ 场地布置：选择一块大小适中的平坦场地。

◉ 训练步骤：

　　1. 所有球员进入场地内，并将球员平均分为两队，其中一队球员持球，在场地内自由带球移动；另一队球员不持球，也在场地内自由移动。

　　2. 当持球球员靠近非持球球员后，将球传给他。接球球员在第一次触球时必须向左或向右转动，并同时改变球的移动方向，然后带球朝该方向移动。注意，接球球员在首次触球时不能将球停在原地，应以流畅的动作改变身体和球的方向。

　　3. 持球球员不断将球传给非持球球员；而非持球球员要用脚的外侧或内侧接球，同时变向。

　　4. 如果失去对球的控制或者首次触球时未完成变向，则该球员扣一分。规定时间内扣分最少的球员获胜。

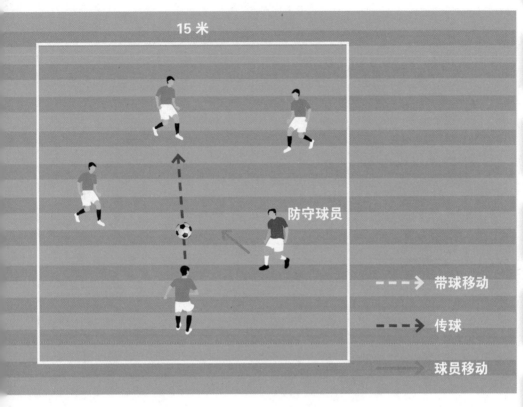

15 米

防守球员

- - - → 带球移动

- - - → 传球

————→ 球员移动

足球运动

球感训练

停球技术

踢球技术

盘带技术

战略战术

团队训练

守门员技术

热身及体能训练

◉ 人数：5~10 人　　　　　　◉ 时间：15~20 分钟

◉ 场地布置：围一个边长为 15 米的正方形场地。

◉ 训练步骤：

1. 五名球员进入场地内，分散站开。其中一人为防守球员，其余四人均为进攻球员，任选一名进攻球员持球。

2. 进攻球员在场地内自由移动，且要时刻注意防守球员的动向，不能让防守球员抢到球。此外，进攻球员在接球、控球和传球时，不仅要根据情况选择合适的技术，而且只能通过两次触球来完成。

3. 如果防守球员抢到了球，则防守球员与上一个持球的进攻球员互换身份；如果进攻球员在接球或传球时触球两次以上，也要与防守球员互换身份，然后继续进行训练，直至规定时间。

4. 每次训练持续 5 分钟，之后换下一组球员进行训练。此外，可以通过缩小场地面积以及加入第二名防守球员来提高训练难度。

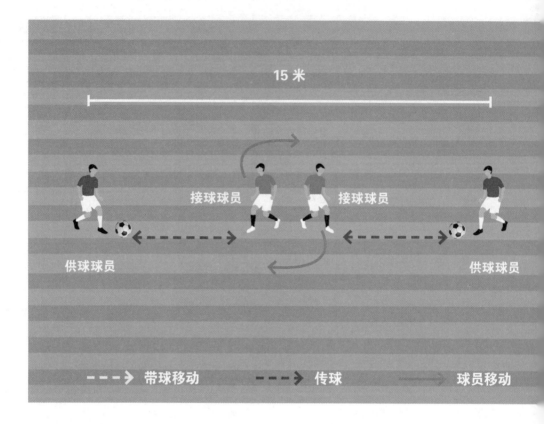

◉ 人数：4 人

◉ 时间：15~20 分钟

◉ 场地布置：选择一块大小适中的平坦场地。

◉ 训练步骤：

1. 将球员平均分为两队，其中两人为接球球员，两人为供球球员。供球球员持球面对面站好，两人相距 15 米；接球球员背对背站立，站在两名供球球员的中间，且分别面朝两侧的供球球员。

2. 供球球员同时水平向前踢球，将球稳妥地传给对面的接球球员。

3. 接球球员要在第一次触球时将球接到并控制住，然后在第二次触球时将球回传给供球球员。传球后，接球球员要迅速向后转身并移动到另一名接球球员的位置，与另一名供球球员面对面站立。

4. 接球球员以最快速度重复接球、回传球、转身移动的过程，直至规定时间。其间，接球球员不能让球失去控制，且要保持身体平衡，保证转身的准确性与流畅性。

5. 每轮练习进行 2 分钟，然后两名接球球员与供球球员互换身份，重新进行训练。完成 8 轮练习后，换下一组球员进行训练。

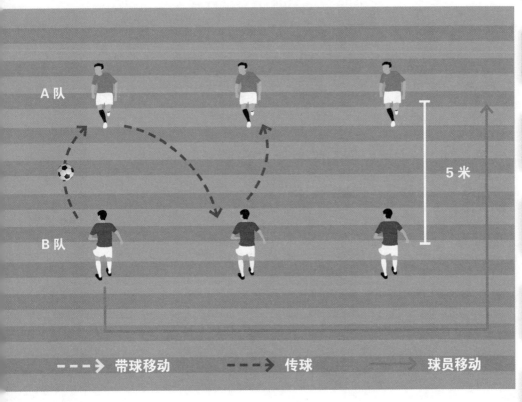

A队

5米

B队

- - → 带球移动   - - → 传球   —→ 球员移动

◉ 人数：6~12 人

◉ 时间：15~20 分钟

◉ 场地布置：选择一块大小适中的平坦场地。

◉ 训练步骤：

1. 将六名球员平均分为两队，分别为 A 队和 B 队。每队的球员水平站成一排，且每名球员之间距离相等。两队面对面站立，且水平队列之间相距 5 米。

2. 由 B 队的首位球员持球，并将球传向 A 队的首位球员。球员传球的力度不宜过大，应是高度适中的空中球。传球后，B 队的首位球员迅速跑到 A 队的末尾位置。

3. A 队中接球的球员通过两次触球在原地控制住空中来球，然后向 B 队的第二名球员传出空中球。之后 A 队的首位球员迅速跑到 B 队的末尾位置。

4. 以此类推，直至每名球员都进行了接球、控球与传球训练，便完成了一轮训练。其间，球员要精确传球、平稳控球，保证球始终在球员的控制范围内。之后再从最后控球的球员开始，按反方向进行相同的训练。

5. 总共完成 10 轮训练后，换下一组球员进行训练。

足球运动

球感训练

停球技术

踢球技术

盘带技术

战略战术

团队训练

守门员技术

热身及体能训练

接空中球训练：接球、转身并重复 »

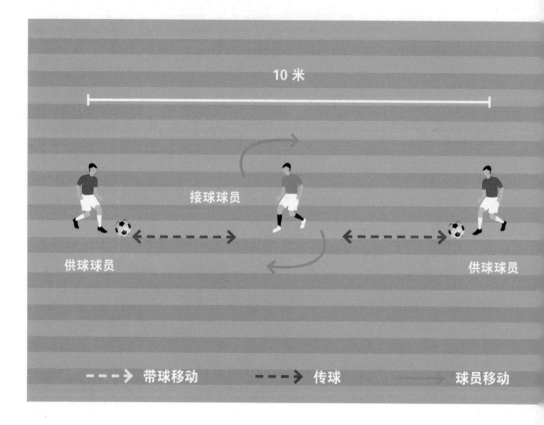

10 米

接球球员

供球球员　　　　　　　　　　　　　供球球员

- - - →　带球移动　　- - - →　传球　　　　　球员移动

◉ 人数：3 人　　　　　　　　　◉ 时间：15~20 分钟

◉ 场地布置：选择一块大小适中的平坦场地。

◉ 训练步骤：

1. 一人为接球球员，两人为供球球员。供球球员持球面对面站好，且两人相距 10 米；接球球员站在两名供球球员的中间，且面朝其中一名供球球员。

2. 与之面对面站立的供球球员将球抛给中间的接球球员，抛球的力度不宜过大，应是高度适中的空中球。而接球球员要根据来球路线提前准备好用什么部位接球。

3. 接球球员通过脚背、大腿、胸部或者头部停球技术在原地控制住空中来球，且必须在第一次触球时完成控球，然后将球踢回给原供球球员。

4. 接球球员回传球后，迅速转身，面朝另一名供球球员，继续进行接球并回传的训练。其间，接球球员要保持身体平衡与转身的准确性，让自己在转身后能够流畅地进行接球动作。

5. 接球球员接到 50 次抛球后，与一名供球球员互换位置，直至三名球员都作为接球球员完成了相同的训练。

足球运动

球感训练

停球技术

踢球技术

盘带技术

战略战术

团队训练

守门员技术

热身及体能训练

接空中球训练：抛球、缓冲和双手接球 ≫

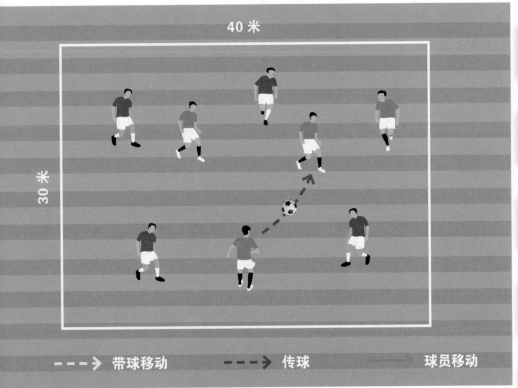

40 米

30 米

- - - ➤ 带球移动　　　 - - - ➤ 传球　　　　　　　 球员移动

◉ 人数：8~12 人　　　　　　　　　　◉ 时间：15~20 分钟

◉ 场地布置：围一个长为 40 米、宽为 30 米的场地。

◉ 训练步骤：

　　1. 将球员平均分为两队，分别为进攻队与防守队，每队 4~6 人，然后任选一名进攻球员持球。

　　2. 进攻队的球员在场地内自由带球移动，持球球员根据场上情况将球传给附近的队友；防守球员对进攻队的球员进行防守，并试图拦截传球。

　　3. 注意，持球球员只能通过双手抛球的方式传球给队友。而队友在接球时，必须先通过脚背、大腿、胸部或头部停球技术控制住从空中过来的球，然后在球落地前用双手接住球。可见，接球球员只能触球两次：通过第一次触球来接球并控球，而用手接住下落的球是第二次触球。

　　4. 接球球员在抛球前最多可以移动五步，之后必须将球抛出。而防守球员只能在传球的过程中用手对球进行拦截。

　　5. 如果防守球员拦截到球，或是接球球员在两次触球后未控制住球，使球落地，则两队角色互换，以此类推，直至规定时间。

7.3

踢球训练

地面传球训练：双脚传球和跑场接力 »

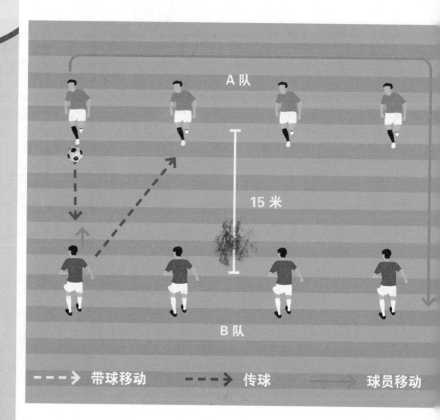

◉ 人数: 8~12 人 　　　　　　◉ 时间: 10~15 分钟

◉ 场地布置: 选择一块大小适中的平坦场地。

◉ 训练步骤:

1. 将球员平均分为两队，分别为 A 队和 B 队。每队的球员水平站成一排且每名球员之间距离相等。两队球员面对面站立，且水平队列之间相距 15 米。

2. 由 A 队的首位球员持球，并将球传向 B 队的首位球员。然后 A 队的首位球员迅速跑到 B 队的末尾位置，以便球的后续传递。

3. B 队的首位球员略微向前移动以便接球，并在第一次触球后将来球控制住，做好准备；然后通过第二次触球将球传给 A 队的第二名球员。完成传球后 B 队的首位球员迅速跑到 A 队的末尾位置。

4. 以此类推，直至每名球员都进行了传球训练，便完成了一轮训练。其间球员要保证控球的稳定性与传球的准确性。

5. 从最后控球的球员开始，按反方向进行相同的训练。总共完成 15 轮训练

足球运动

球感训练

停球技术

踢球技术

盘带技术

战略战术

团队训练

守门员技术

热身及体能训练

地面传球训练：6v2 传球穿越 》

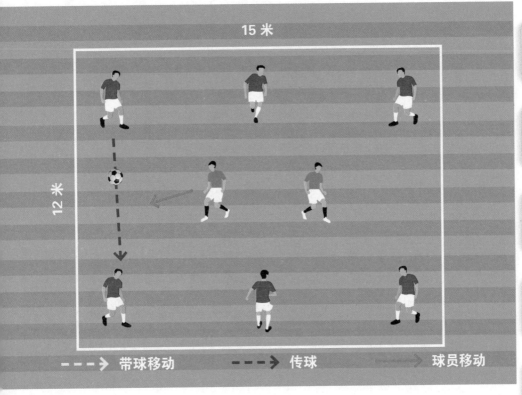

15 米

12 米

- - - → 带球移动　　　- - - → 传球　　　　　球员移动 ——→

◉ 人数：8 人　　　　　　　　　　　◉ 时间：15~20 分钟

◉ 场地布置：围一个长为 15 米、宽为 12 米的场地。

◉ 训练步骤：

　　1.六人为进攻球员，围绕边线分散站开，其中一人持球；两人为防守球员，站在场地中央。

　　2.持球球员用脚的内侧或是外侧触球，且保持触球脚的稳定，在一次或是两次触球后将球传给队友。传球前，要仔细观察防守球员的位置与动向，避免传球被防守球员拦截。接球球员要根据来球调整身体姿势，保证自己能够稳定地接到传球，之后再将球传出。

　　3.防守球员在场地内自由移动，观察持球球员的动作，试图拦截传球或将球踢出界。

　　4.如果防守球员抢到了球，或是球出界，则防守球员与上一个持球的进攻球员互换身份，然后继续进行训练，直至规定时间。

　　5.可以通过缩小场地面积以及加入第三名防守球员的办法来增加训练难度，以提高球员传球的质量，提升球员在比赛中的应变能力。

- - - - → 带球移动　　　　- - - - → 传球　　　　──────→ 球员移动

◉ 人数：8~12 人　　　　　　　　　　　◉ 时间：10~15 分钟

◉ 场地布置：选择一块大小适中的平坦场地。

◉ 训练步骤：

1. 将球员平均分为两队，其中一队球员持球，另一队球员不持球。

2. 所有球员在场地内自由移动，如果有非持球球员靠近，持球球员与其进行目光交流，待非持球球员通过目光进行确认后，持球球员踢出短而干脆的传球，将球传给非持球球员。注意，传球时，要用脚的外侧触球，让传球更加快速、精准。

3. 原先的持球球员完成传球后向对方靠近；非持球球员在一次触球后将来球控制住，然后立即将球回传给原先的持球球员。

4. 持球球员控球后继续带球自由移动，继续寻找其他非持球球员进行配合回传。训练进行 5 分钟，然后两队互换角色，重新继续训练。

5. 教练可以进入场地内充当防守球员，以提高训练的难度。此外，球员要尽量以最快速度完成每一次的配合回传，在提高传球技术的同时提升队友之间的默契度。

足球运动

球感训练

停球技术

踢球技术

盘带技术

战略战术

团队训练

守门员技术

热身及体能训练

地面传球训练：通过多个球门进球得分 ≫

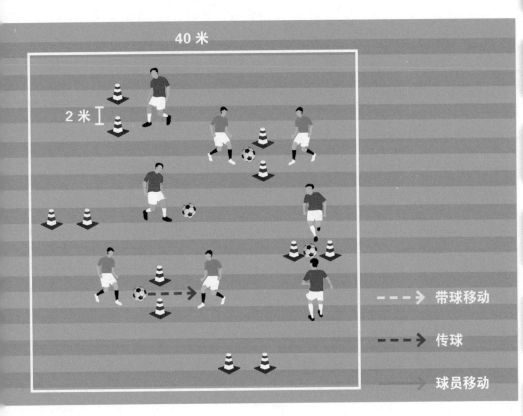

40 米

2 米

- - - → 带球移动

- - - → 传球

——→ 球员移动

◉ 人数：8~12 人　　　　　　　　　◉ 时间：15~20 分钟

◉ 场地布置：围一个边长为 40 米的正方形场地，并在场地内随机摆放 6 组锥桶作为球门，其中每组锥桶间距为 2 米。

◉ 训练步骤：

1. 将球员平均分为两队，每队中一半的球员持球。

2. 所有球员在场地内自由移动，其中持球球员试图将球踢过球门，如果球门对面有未持球的队友接住了穿过球门的传球，则传球的球员获得一分。同时，未持球的球员也要对球门进行防守，试图阻止另一队球员的传球。

3. 传球时，持球球员要用脚的外侧或内侧触球，且要瞄准对面准备接球的队友，避免发生队友无法接到传球或是球撞到球门的情况。注意，持球球员可以从球门的任意一侧将球传过去，但是不能连续两次通过相同的球门传球。

4. 接到传球的球员继续自由移动，并在其他球门前传球。以此类推，直至训练结束。最后，球员累计得分最高的队伍获胜。

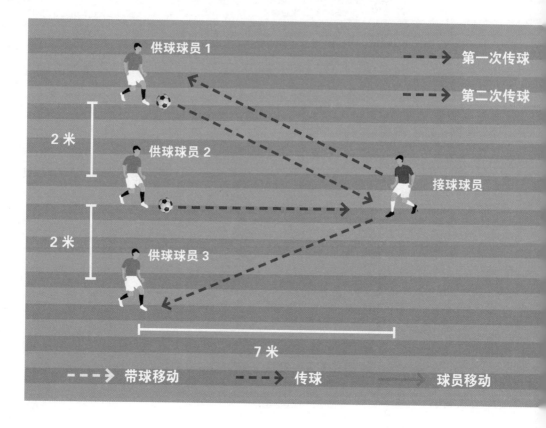

供球球员1

- - - → 第一次传球
- - - → 第二次传球

2米

供球球员2

接球球员

2米

供球球员3

7米

- - - → 带球移动　　　- - - → 传球　　　球员移动

◉ 人数：4人　　　　　　　　　　◉ 时间：10~15分钟

◉ 场地布置：选择一块大小适中的平坦场地。

◉ 训练步骤：

1. 三名供球球员水平站成一排，彼此相距2米；一名接球球员站在供球球员的对面，且与水平队列相距7米。其中，只有供球球员1与供球球员2持球。

2. 供球球员1将球传给接球球员，接球球员用脚的内侧或外侧触球，通过一次触球改变球的移动方向，将球传给供球球员3。

3. 在接球球员将球踢给供球球员3后，供球球员2迅速将球传给接球球员，而接球球员同样通过一次触球将球传给供球球员1。

4. 以此类推，每次接球球员都要通过一次触球的方式将球传给对面未持球的球员，并以最快速度完成40次传球。之后，接球球员与一名供球球员互换位置，继续进行相同的训练，直至每名球员都担任过接球球员。

足球运动

球感训练

停球技术

踢球技术

盘带技术

战略战术

团队训练

守门员技术

热身及体能训练

地面传球训练：移动目标 》

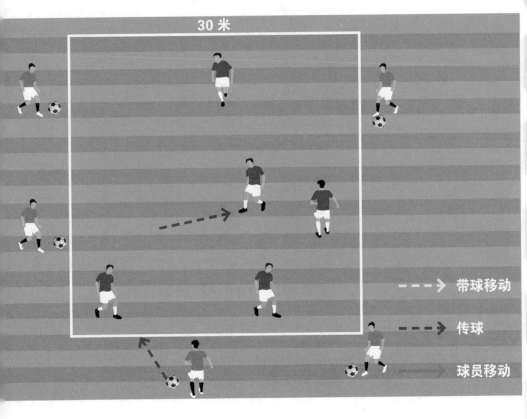

30 米

- - - -▶ 带球移动

- - - -▶ 传球

球员移动

◎ 人数：10 人

◎ 时间：10~15 分钟

◎ 场地布置：围一个边长为 30 米的正方形场地。

◎ 训练步骤：

    1.将球员平均分为两队，一组为追逐球员，持球站在场外；一组为目标球员，不持球，在场地内分散站开并自由移动。

    2.待教练发出口令后，追逐球员带球进入场地，靠近并瞄准目标球员，试图踢球击中目标球员膝盖以下的部位。目标球员要时刻注意周围情况，躲避来球，且可以通过突然改变移动速度和方向的办法来迷惑追逐球员。

    3.如果目标球员身体的任何部位被球碰到，则要立即停在原地，在与追逐球员互换身份后，开始带球追逐场上的目标球员。如果球碰到的是目标球员膝盖以下的部位，则踢球的追逐球员可以获得一分。

    4.训练至规定时间，最后得分最高的球员获胜。注意，训练时球员要注意安全，防止出现球砸伤人的情况。

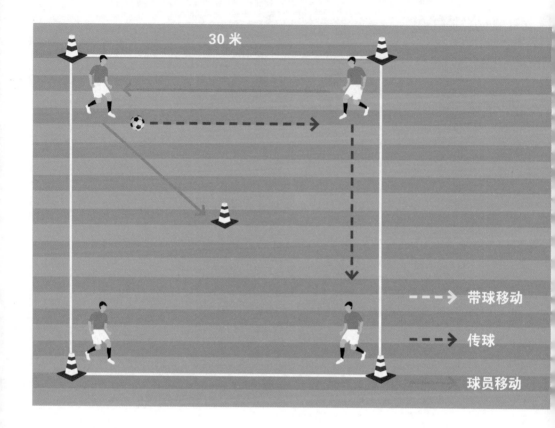

30 米

- - - ➤ 带球移动

- - - ➤ 传球

球员移动

⊙ 人数: 4 人　　　　　　　⊙ 时间: 10~15 分钟

⊙ 场地布置: 用四个锥桶围一个边长为 30 米的正方形场地，并在场地中央放置一个锥桶。

⊙ 训练步骤:

　　1. 四名球员分别站在场地角落的位置，任选一名球员持球。

　　2. 持球球员精准地将球传给任意一名未持球的球员，然后快速跑到场地中央的锥桶位置。

　　3. 球员平稳地接住传球，然后将球传给任意一名未持球的球员。传球后，快速跑到没有站人的锥桶位置。

　　4. 每名接到传球的球员都要精准地将球传给其他球员，再迅速跑到没有站人的锥桶位置。以此类推，球员以最快速度传球、跑动，直至规定时间。如果接球球员能够在锥桶附近 1 米的范围内接到传球，则传球的球员获得一分，最后累计得分高的球员获胜。

　　5. 可以通过增加传球距离、要求球员使用非惯用脚踢球的办法来加大训练难度，以锻炼球员传球的精准度。

足球运动

球感训练

停球技术

踢球技术

盘带技术

战略战术

团队训练

守门员技术

热身及体能训练

地面传球训练：将球传给第三者 ≫

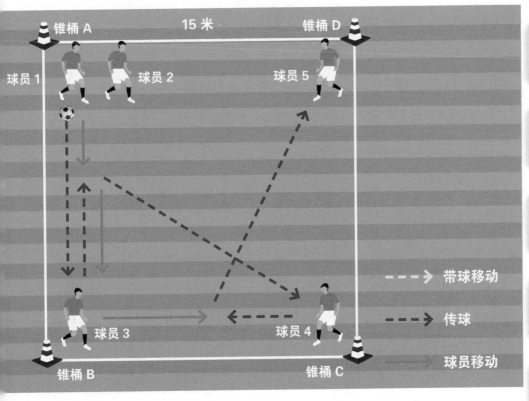

○ 人数：5人

○ 时间：10~15分钟

○ 场地布置：用四个锥桶围一个边长为15米的正方形场地。

○ 训练步骤：

1. 两名球员站在锥桶A附近，剩下的三名球员分别站在锥桶B、C、D附近。其中，由站在锥桶A附近的球员1持球。

2. 球员1将球传给锥桶B附近的球员3后，迅速向球员3靠近，接住球员3的回传球，球员2则继续站在锥桶A，等待球。球员3在平稳地接到球后，要以短距离的一脚球将球回传给球员1。

3. 球员1在接到回传球后，迅速将球传给锥桶C附近的球员4，然后跑到锥桶B的位置。

4. 在球员1将球传给球员4的同时，球员3向球员4跑动。在靠近球员4时，球员4以短距离的一脚球将球传给球员3。

5. 球员3在接到传球后，迅速将球传给锥桶D附近的球员5。然后跑到锥桶C的位置，同时球员4向球员5跑动。以此类推，每个持球球员要按照顺序将球传给在下一个锥桶附近的球员，后者以短距离的一脚球将球回传；在接到传球后球员再将球传给再下一个锥桶附近的球员，直至训练结束。

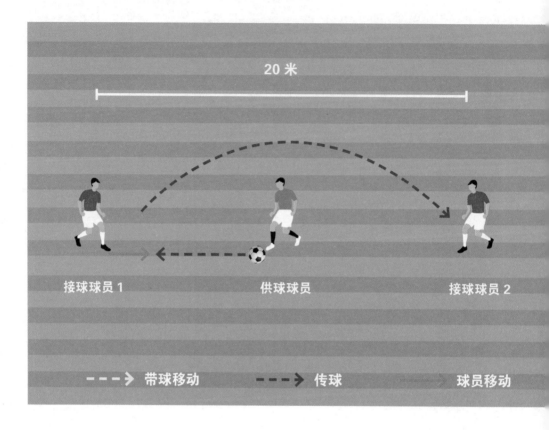

20 米

接球球员 1　　　　　　　　供球球员　　　　　　　　接球球员 2

- - - → 带球移动　　　 - - - → 传球　　　　　　球员移动

◎ 人数：3 人　　　　　　　　　　◎ 时间：15~20 分钟

◎ 场地布置：选择一块大小适中的平坦场地。

◎ 训练步骤：

1. 一人为供球球员，两人为接球球员。接球球员面对面站好，且两人相距 20 米；供球球员持球站在两名接球球员的中间，且面朝其中一名接球球员。

2. 供球球员以较慢的速度向前传球给接球球员 1，然后面对面站立的接球球员 1 略微前移，向来球靠近，并瞄准接球球员 2，踢出高球，使球从供球球员头顶经过，落在接球球员 2 的脚下。如果球从供球球员的头顶上方经过并落在接球球员 2 附近 1 米的范围内，则踢球的球员获得一分。

3. 在完成 30 次吊传后，三人互换位置，重新进行训练，直至每名球员都在不同位置完成 30 次吊传练习，最后得分最高的球员获胜。

4. 在踢高球时，球员要将脚背伸进球的下方，并进行瞄准，努力提高传球的精度和质量。注意，要保证自己踢出的是高球，避免中间的供球球员被球砸伤。

5. 此外，可以让供球球员加快供球速度，或是让接球球员用非惯用脚踢球，来提高训练难度。

足球运动

球感训练

停球技术

踢球技术

盘带技术

战略战术

团队训练

守门员技术

热身及体能训练

空中传球练习：仅接空中传球 ≫

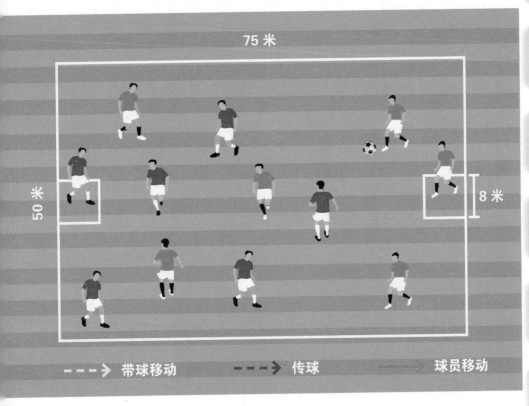

75 米

50 米

8 米

- - - ➤ 带球移动   - - - ➤ 传球   球员移动

◎ 人数：12~16 人   ◎ 时间：15~20 分钟

◎ 场地布置：围一个长为 75 米、宽为 50 米的场地，并分别在两端中央围一个边长为 8 米的正方形区域，作为球门区。

◎ 训练步骤：

1. 将球员平均分为两队，每队各出一名球员站在球门区作为守门员。其他球员分散在场地中，教练在场地中央开球，开始训练。

2. 最先控球的球员向对方的球门区靠近，对方球员要进行防守，试图抢球。如果持球球员将球踢入对方的球门区且该球是守门员可以在空中接球的来球，那进攻的球队获得一分。踢球时，持球球员应用脚背踢球的下三分之一部分。如果球出界，那应该将球交给对方的守门员，由守门员将球传给队友，继续进行训练。

3. 守门员可以在球门区用脚控球，但是不能长时间用手抱着球。守门员用手从空中接到球后，必须立即将球传给球员，然后继续进行训练，直至规定时间。最后得分最高的球队获胜。

4. 在刚开始练习时，可以允许守门员在球落地弹起后再将球接住。

空中传球练习：短－短－长组合模式 ≫

◉ 人数: 8 人　　　　　　　　　◉ 时间: 15~20 分钟

◉ 场地布置: 围一个长为 50 米、宽为 30 米的场地。

◉ 训练步骤:

1. 将球员平均分为两队, 每队中任选一人持球。球员进入场地并分散站开。

2. 球员自由移动, 并在移动中以最快速度用短－短－长的组合模式与队友相互传球。所谓短－短－长的组合模式, 即三次传球为一个循环, 前两次必须是连续、快速的短距离（5~10 米）地面传球, 第三次必须是以一个长距离的空中传球将球传给距离最远的队友。

3. 注意, 短传必须是在地面移动的地滚球; 而长传必须是在空中移动的半高球或高球。球员要在传球前进行瞄准, 提高自己传球的准确性, 避免球出界。如果没有按照规则传球、传球出界或是传球没有落在队友附近 5 米的范围内, 则该队扣一分。

4. 训练至规定时间, 最后扣分最少的队伍获胜。

5. 教练可以通过限制球员在接球与传球时的触球次数来提高训练的难度, 以进一步提高球员的传球技术。

足球运动

球感训练

停球技术

踢球技术

盘带技术

战略战术

团队训练

守门员技术

热身及体能训练

空中传球练习：转换进攻点 ≫

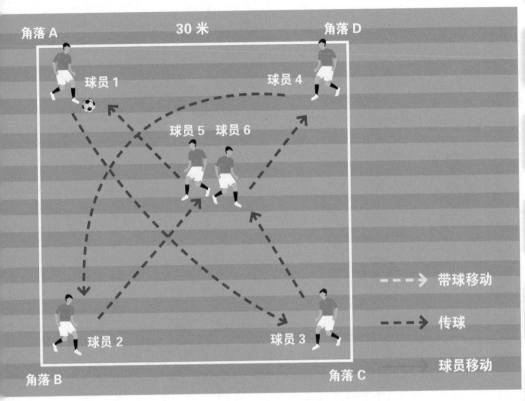

- 角落 A
- 30 米
- 角落 D
- 球员 1
- 球员 4
- 球员 5　球员 6
- 球员 2
- 球员 3
- 角落 B
- 角落 C
- - - - ➤ 带球移动
- - - - ➤ 传球
- 球员移动

⊙ 人数：6 人

⊙ 时间：10~15 分钟

⊙ 场地布置：围一个边长为 30 米的正方形场地。

⊙ 训练步骤：

　　1. 四名球员分别站在场地的边角，两名球员站在场地中央。其中，球员 1 持球。

　　2. 球员 1 将球传给位于自己对角线上的球员 3，且该传球应是空中传球。踢球时，球员应用脚背踢球的下三分之一部分，并使球落在对方能够轻松接球的位置。

　　3. 球员 3 在接到传球后，迅速将球传给位于场地中央的球员 6；球员 6 在接球的同时转身，然后将球传给球员 4。上述的两次传球应是地滚球。

　　4. 球员 4 以空中传球的形式将球传给对角线上的球员 2。

　　5. 球员 2 在接到传球后，迅速将球传给位于场地中央的球员 5；球员 5 在接球的同时转身，然后将球传给球员 1。上述的两次传球应是地滚球。

　　6. 这便是一轮的传球练习，完成五轮练习后球员轮换位置，继续进行训练，直至每名球员都在六个不同位置上完成传球练习。

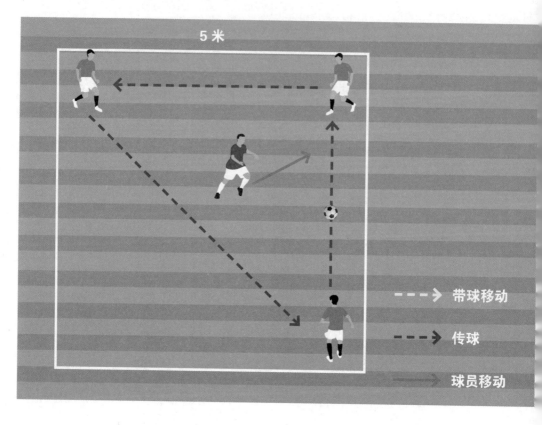

5 米

- - - → 带球移动

- - - → 传球

——→ 球员移动

◉ 人数: 4 人　　　　　　　　　　◉ 时间: 10~15 分钟

◉ 场地布置: 围一个边长为 5 米的正方形场地。

◉ 训练步骤:

　　1. 三名球员分别站在场地的边角处，作为传球球员，且其中一人持球；一人站在场地中央，作为防守球员。

　　2. 传球球员按照顺序相互传球，而防守球员要对其进行防守，并试图触球，抢夺控球权。如果防守球员抢到球或是球出界，则与本应控球的传球球员互换角色，继续进行训练，直至规定时间。

　　3. 传球时，球员可以任意使用地滚球、半高球或是高球，但要保证传球的准确性，让队友能够顺利接到传球。同时，防守球员要灵活进行防守，努力迫使传球球员出现传球失误。

变化 教练可以限制球员在接球与传球时的触球次数，刚开始可以允许通过两次触球来完成接球与传球，熟练后便可要求球员在接球的同时直接传球。

足球运动

球感训练

停球技术

踢球技术

盘带技术

战略战术

团队训练

守门员技术

热身及体能训练

单边传球练习（3v1变式）»

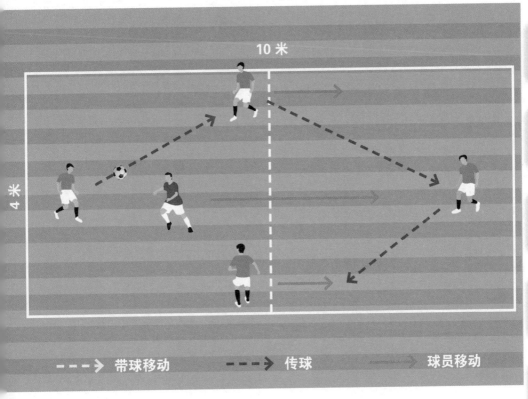

10米

4米

- - - ▶ 带球移动 ┄┄▶ 传球 ──▶ 球员移动

◎ 人数：5人 ◎ 时间：15~20分钟

◎ 场地布置：围一个长为10米、宽为4米的场地，并将其平均分为两块。

◎ 训练步骤：

1. 三名球员与防守球员站在左边的场地内，三名球员分别站在三角形的顶点处，任意一人持球，而防守球员站在三角形中央。剩余一名球员单独站在右边的场地内。

2. 球员在左边的场地内进行3v1训练。防守球员对三名球员进行防守，并试图抢球。

3. 靠近分界线的两名球员可以选择将球传给右边场地的球员。传球后，两人与防守球员迅速向右边的场地移动，并在右边的场地继续进行3v1训练。靠近分界线的两名球员可以选择传球至另一场地，在训练过程中不断变换场地。

4. 如果防守球员抢到球或是球出界，则防守球员与本应控球的传球球员互换角色，继续进行训练，直至规定时间。

5. 跨界传球时，接球的球员应该预判球的落点，尽早到位准备接球，避免被防守球员抢先触球，同时为队友争取移动并组成阵形的时间。

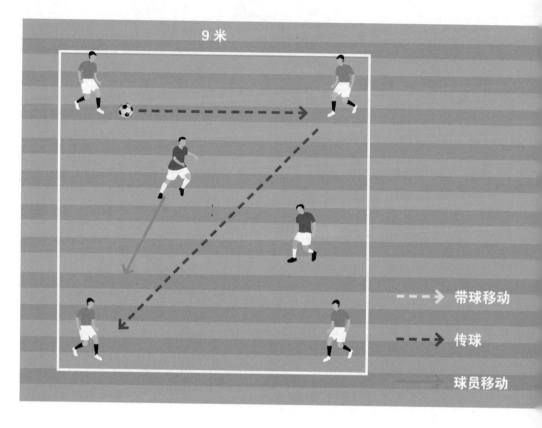

9 米

- - - → 带球移动

- - - → 传球

球员移动

⊙ 人数：6 人

⊙ 时间：10~15 分钟

⊙ 场地布置：围一个边长为 9 米的正方形场地。

⊙ 训练步骤：

1. 四名球员分别站在场地的边角，作为传球球员，且其中一人持球；两名球员站在场地中央，作为防守球员。

2. 传球球员相互自由传球，并充分观察防守缺口，将球传给合适的球员。传球球员可以任意使用地滚球、半高球或是高球，但要保证传球的速度与准确性，让队友能够顺利接到传球，也避免防守球员轻易追到传球。

3. 两名防守球员仔细观察持球球员动向，对传球或是接球的球员进行灵活的防守，迫使传球或接球的球员出现失误，然后试图触球，抢夺控球权。

4. 如果防守球员抢到球或是球出界，则防守球员与本应控球的传球球员互换角色，继续进行训练，直至规定时间。

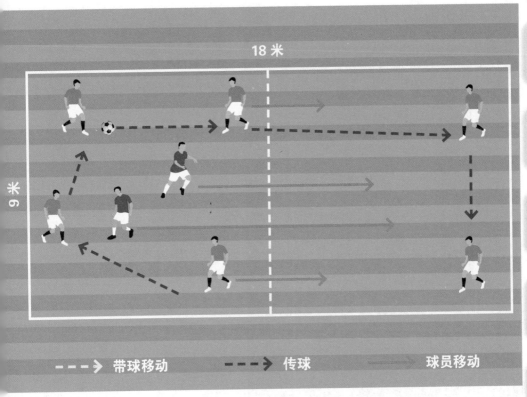

18 米

9 米

- - ->　带球移动　　- - ->　传球　　球员移动

◉ 人数: 8 人　　　　　　　　　　◉ 时间: 15~20 分钟

◉ 场地布置: 围一个长为 18 米、宽为 9 米的场地，并将其平均分为两块。

◉ 训练步骤:

　　1. 四名球员与两名防守球员站在左边的场地内，四名球员分别站在四边形的顶点附近，任意一人持球，而两名防守球员站在左边四边形中央。剩余两名球员站在右边场地的右侧。

　　2. 球员在左边的场地内进行 4v2 训练，而防守球员对四名球员进行防守，并试图抢球。

　　3. 靠近分界线的两名球员可以选择将球传给右边场地的球员。传球后，两人与防守球员迅速向右边的场地移动，并在右边的场地继续进行 4v2 训练。而靠近分界线的两名球员始终可以选择传球至另一场地，在训练过程中不断变换场地。

　　4. 如果防守球员抢到球或是球出界，则防守球员与本应控球的传球球员互换角色，继续进行训练，直至规定时间。

　　5. 跨界传球时，接球的球员应该预判球的落点，尽早到位准备接球，避免被防守球员抢先触球，同时为队友争取移动并组成阵形的时间。

足球运动

球感训练

停球技术

踢球技术

盘带技术

战略战术

团队训练

守门员技术

热身及体能训练

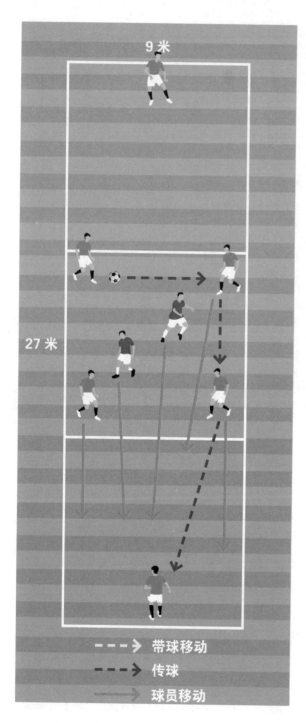

9 米

27 米

- - - -▶ 带球移动
- - - -▶ 传球
———▶ 球员移动

⊙ 人数：8 人

⊙ 时间：15~20 分钟

⊙ 场地布置：围一个长为 27 米、宽为 9 米的场地，并将其平均分为三块。

⊙ 训练步骤：

1. 四名球员与两名防守球员站在中间的场地内，其中四人分别站在四边形的顶点处，任意一人持球，而两名防守球员站在中间四边形中央。剩余两名球员分别站在整个场地的两端。

2. 球员在中间的场地内进行 4v2 训练，而防守球员对四名球员进行防守，并试图抢球。

3. 靠近分界线的球员可以选择将球传给两边场地的球员。传球后，需要移动的距离较近的三名球员与防守球员迅速向传球的场地移动，并在该场地内继续进行 4v2 训练。而靠近分界线的球员始终可以选择传球至另一场地，在训练过程中不断变换场地。

4. 注意，所谓需要移动的距离较近的三人是三人移动至另一场地并组成四边形的距离较近；也可以直接记成：进行跨界传球的那名球员的斜对角线处的球员不动。

5. 如果防守球员抢到球或是球出界，则防守球员与本应控球的传球球员互换角色，继续进行训练，直至规定时间。

6. 跨界传球时，接球的球员应该预判球的落点，尽早到位准备接球，避免被防守球员抢先触球，同时为队友争取移动并组成阵形的时间。

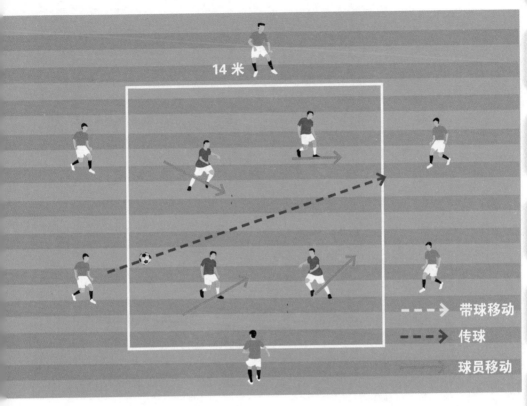

14 米

- - - → 带球移动

- - - → 传球

球员移动

◎ 人数: 10 人

◎ 时间: 10~15 分钟

◎ 场地布置: 围一个边长为 14 米的正方形场地。

◎ 训练步骤:

1. 四名球员进入场地，分散站开，作为防守球员；六名球员站在场地外，相对的两条边后分别站一名或两名球员，作为传球球员，然后任选其中一人持球。

2. 持球球员将球传给站在另外三条边之后的任意队友，使传球经过正方形的场地内。防守球员在场地内尝试通过巧妙的空间打法拦截传球并获得控球权。

3. 持球球员在传球前，要仔细观察防守球员的位置与动向，找出防守缺口后迅速传球。传球时，要保证传球的速度与精确性，使传球不易被防守球员拦截，且方便队友顺利接球。

4. 成功完成传球或成功拦截传球的球员可以获得一分。场地外的球员不断进行传球，直至规定时间，最后得分最高的球员获胜。

5. 之后，场地外的四名球员与防守球员互换身份，重新进行训练，直至每名球员都担任过传球球员与防守球员的角色。

足球运动

球感训练

停球技术

踢球技术

盘带技术

战略战术

团队训练

守门员技术

热身及体能训练

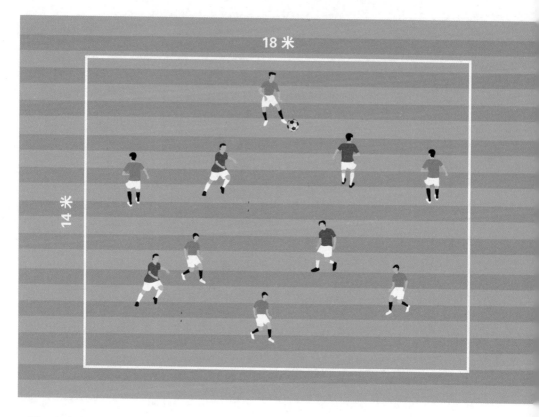

◉ 人数: 10 人　　　　　　　　　　◉ 时间: 15~20 分钟

◉ 场地布置: 围一个长为 18 米、宽为 14 米的场地。

◉ 训练步骤:

1. 六名球员为一组，作为传球球员，并任选一人持球；剩余四名球员为一组，作为防守球员。球员分散站在场地内，自由移动。

2. 传球球员相互自由传球，如果顺利完成 10 次传球，则获得一分。传球球员应充分观察防守缺口，将球传给合适的球员。此外，球员可以任意使用地滚球、半高球或是高球，但要保证传球的速度与准确性，让队友能够顺利接到传球，也避免球被防守球员轻易拦截。

3. 防守球员试图拦截传球并获得控球权。抢到球后，持球球员可以通过拖延时间来尽可能地保留控球权。与队友完成 7 次传球后，则防守球员的队伍获得一分。

4. 注意，球员在传球时不能进行回传，接球后必须将球传给其他球员。训练至规定时间，最后得分最高的球队获胜。之后，选择四名球员与防守球员互换身份，重新进行训练，直至每名球员都担任过传球球员与防守球员的角色。

足球运动

球感训练

停球技术

踢球技术

盘带技术

战略战术

团队训练

守门员技术

热身及体能训练

小型比赛练习（运球队对抗传球队）》》

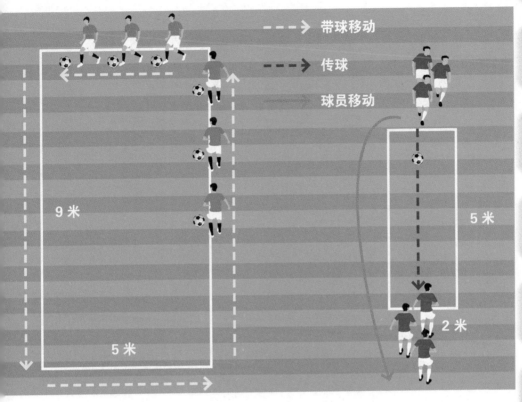

- - - → 带球移动

- - - → 传球

⎯⎯→ 球员移动

9 米

5 米

5 米

2 米

◉ 人数: 12 人

◉ 时间: 15~20 分钟

◉ 场地布置: 围两个场地, 一个长为 9 米、宽为 5 米, 一个长为 5 米、宽为 2 米。

◉ 训练步骤:

1. 将球员平均分为两队, 一队为运球队, 一队为传球队。运球队的球员各持一球, 沿较大场地的边线排队站好。传球队再平均分为两队, 分别在较小场地的短边之后面对面排队站好, 其中任选一名站在队首的球员持球。

2. 待教练发出信号后, 运球队的球员开始沿场地边线运球移动; 同时传球队的持球球员迅速将球传给对面的球员, 然后跑向对面队尾的位置, 以此类推, 来回传球。

3. 待运球队的最后一名球员完成绕场三周后, 教练停止计时, 同时传球队的球员停止传球。传球队的球员每接球一次, 则获得一分。

4. 两队球员互换身份, 重新进行训练。

5. 教练可以在边线上增加障碍物, 让运球队的球员进行障碍运球训练。此外, 还可以要求传球队的球员使用非惯用脚触球, 以提高训练难度。

小型比赛练习（绕着场地传球）»

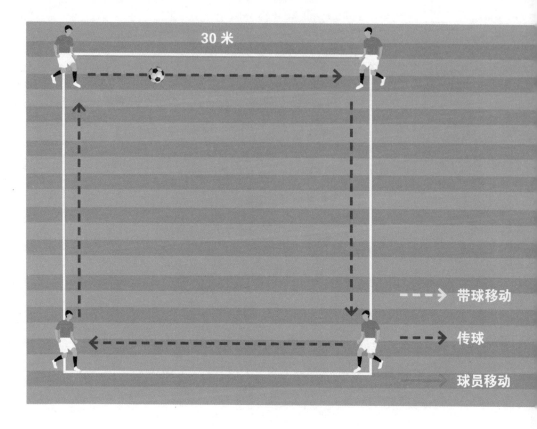

30 米

- - - → 带球移动

- - - → 传球

→ 球员移动

◉ 人数：8 人　　　　　　　　　　　◉ 时间：10~15 分钟

◉ 场地布置：围一个边长为 30 米的正方形场地。

◉ 训练步骤：

1. 将球员平均分为两队。四名球员分别站在场地角落的位置，任选一名球员持球。

2. 待教练发出信号后，球员按照顺序传球，使足球沿场地边线顺时针移动。传球时，球员可以任意使用地滚球、半高球或是高球，但要保证传球的速度和准确性，让队友能够顺利接到传球。待完成 10 圈传球后，教练停止计时。

3. 换另一队球员进行相同的传球训练，最后用时最短的队伍获胜。

| 变化 | 教练可以限制球员在接球与传球时的触球次数，也可以让球员先顺时针传球 5 圈再逆时针传球 5 圈，以增加训练的难度、提升训练的效果。 |

小型比赛练习（传球）>>

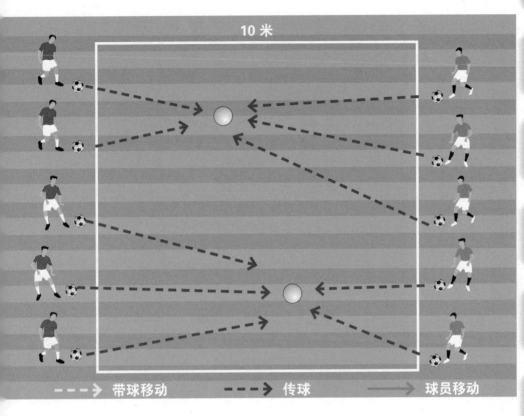

10 米

- - - → 带球移动　　━━━→ 传球　　━━━→ 球员移动

足球运动

球感训练

停球技术

踢球技术

盘带技术

战略战术

团队训练

守门员技术

热身及体能训练

◉ 人数: 10~14 人　　　　　　　　　◉ 时间: 10~15 分钟

◉ 场地布置: 围一个边长为 10 米的正方形场地，并在场地中放置两个较轻的实心球。

◉ 训练步骤:

　　1. 将球员平均分为两队，分别站在场地两端的边线外，且面对面站立。每队各分配一个实心球，每名球员各持一个足球。

　　2. 球员瞄准场地中的两个实心球，向前踢球，用足球碰撞实心球，试图让属于本方的实心球越过对方的边线，同时阻拦对方实心球的前进。踢球时，球员要提高传球的精确度和力度，让本方的实心球尽快前移; 同时也要根据情况调整球的方向，让实心球沿较短的路线到达对面。

　　3. 球员只有在没有持球时才能进入场地，且进入场地时只能是去捡球的。带球离开场地回到原位后，才能再次踢球。

　　4. 如果实心球越过对方的边线，则队伍获得一分。先获得三分的队伍取得胜利。

　　5. 为了能够获胜，每队的球员要合理分配任务，攻防兼备，不仅要让本方的实心球尽快前进，还要及时阻止对方实心球的靠近。

脚背射门训练：和目标球员配合射门 »

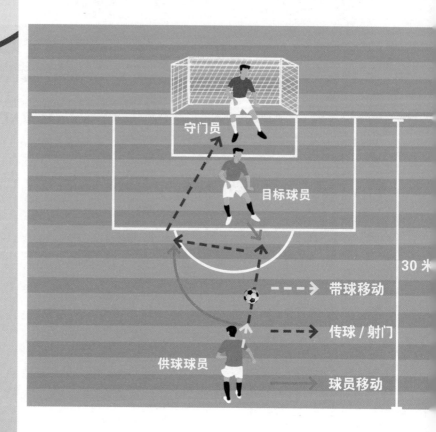

守门员

目标球员

30 米

- - -> 带球移动

- - -> 传球 / 射门

→ 球员移动

供球球员

◉ 人数：3 人　　　　　　　　　　◉ 时间：10~15 分钟

◉ 场地布置：选择足球场球门前的区域进行训练。

◉ 训练步骤：

1. 一名球员作为守门员，站在球门前；一名球员作为目标球员，站在罚球区的顶部，并背对球门；一名球员作为供球球员，站在距离球门 30 米的位置，向目标球员，准备向其传球。

2. 供球球员带球前进几米后，将球传给目标球员。目标球员根据球的路线微移动，平稳接球。供球球员传完球后，迅速前冲。

3. 目标球员移动至罚球区顶部的外面，然后观察供球球员的位置，待其靠罚球区时，将球回传给供球球员。

4. 供球球员用脚背触球，直接将球射向球门。而防守球员试图拦住所有射门。

5. 所有球员回到原位，重复训练 10 次，且每次射门的位置与球门之间的离都必须大于 18 米。之后互换角色，直至所有球员都进行了射门训练。

脚背射门训练：在压力下射门 ≫

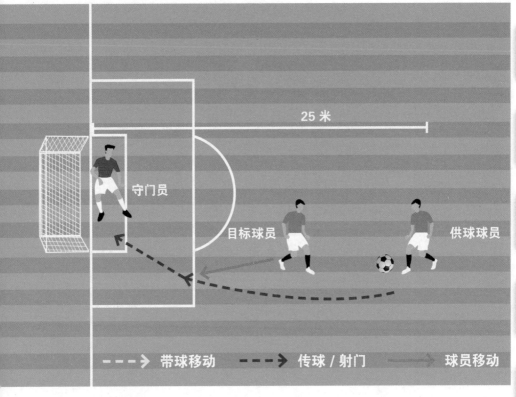

25 米

守门员

目标球员

供球球员

- - - → 带球移动　　- - - → 传球 / 射门　　——→ 球员移动

◉ 人数：3 人　　　　　　　　　　　◉ 时间：10~15 分钟

◉ 场地布置：选择足球场球门前的区域进行训练。

◉ 训练步骤：

　　1. 一名球员作为守门员，站在球门前；一名球员作为供球球员，站在距离球门25米的位置；一名球员作为目标球员，站在供球球员的正前方，且背对球门。

　　2. 供球球员准备12个足球。供球球员向前踢球，使球轮流从目标球员的左右两侧经过。

　　3. 待球从目标球员身边经过且进入罚球区后，目标球员迅速转身并前冲，追上足球，然后用脚背触球，直接射门。注意，射门前不要停球或控球。

　　4. 守门员试图拦住所有射门，然后迅速回到球门前进行防守。

　　5. 射门后，目标球员迅速回到原位，然后供球球员再向前踢球。如果目标球员成功射门，则获得两分；如果射门被守门员拦住，则获得一分。

　　6. 目标球员要完成24次射门训练，然后与供球球员互换角色，但守门员不变，最后得分最高的球员获胜。

脚背射门训练：两次触球射门 »

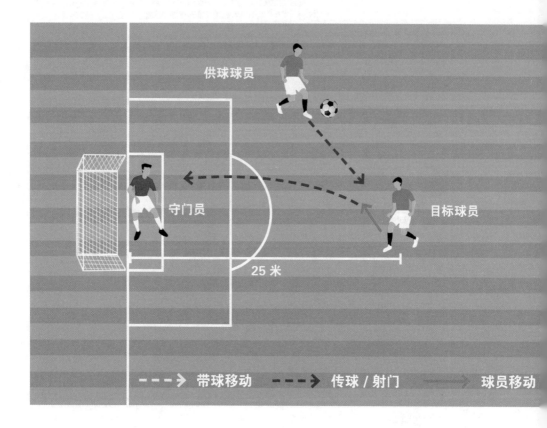

供球球员

守门员

目标球员

25 米

- - - → 带球移动　　- - - → 传球 / 射门　　━━━→ 球员移动

◉ 人数：3 人　　　　　　　　　　◉ 时间：10~15 分钟

◉ 场地布置：选择足球场球门前的区域进行训练。

◉ 训练步骤：

1. 一名球员作为守门员，站在球门前；一名球员作为目标球员，站在球门正前方 25 米的位置，且面朝球门；一名球员作为供球球员，面朝目标球员站在其斜前方。

2. 供球球员将球传给目标球员，传球可以是空中球，也可以是地面球。

3. 目标球员仔细观察来球路线，向其靠近，并在第一次触球时将球控制住，在第二次触球时将球射向球门。同时，守门员试图拦住所有射门。注意，目标球员必须要触球两次，即先控球再射门，且每次射门的位置与球门之间的距离都必须大于 15 米。

4. 射门后，目标球员迅速回到原位，然后供球球员再向其踢球。如果目标球员成功射门，则获得两分；如果射门被守门员拦住，则获得一分。

5. 目标球员要完成 20 次射门训练，然后与供球球员互换角色，但守门员不变，最后得分最高的球员获胜。

足球运动

球感训练

停球技术

踢球技术

盘带技术

战略战术

团队训练

守门员技术

热身及体能训练

脚背射门训练：带球射门 ≫

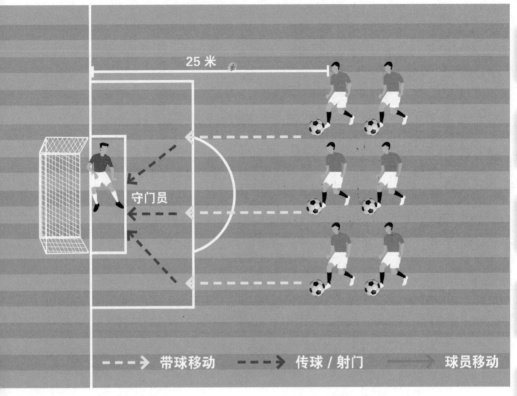

25 米

守门员

‑ ‑ ‑ ▶ 带球移动　　‑ ‑ ‑ ▶ 传球 / 射门　　━━▶ 球员移动

◉ 人数: 6~10 人　　　　　　　　　　◉ 时间: 10~15 分钟

◉ 场地布置: 选择足球场球门前的区域进行训练。

◉ 训练步骤:

1. 教练站在球门前，作为守门员。将球员平均分成两队，每人各持一球，面向球门站成两排，且站在距离球门 25 米的位置。

2. 待教练发出信号后，站在第一排的球员按顺序出发，全速带球前进，并在距离球门至少 15 米的位置射门。同时，守门员试图拦住所有射门。

3. 球员射门后将球捡回，迅速返回底线。然后下一名球员带球出发。如果球员成功射门，则获得两分；如果射门被守门员拦住，则获得一分。

4. 以此类推，重复进行带球射门训练，直至每名球员都完成 15 次射门训练。最后得分最多的队伍获胜。

5. 注意，在训练的过程中，应该安排其他守门员过来轮换，以保证训练结果的公正性。

- 人数：6 人
- 时间：10~15 分钟
- 场地布置：选择足球场球门前的区域进行训练。
- 训练步骤：

1. 一名球员作为守门员，站在球门前；一名球员作为供球球员，面朝球门，站在罚球区弧线的顶部，并准备 12 个足球；剩余的球员平均分为两队，每队两人，进入罚球区内自由移动。

2. 供球球员瞄准无人的位置，向前踢球，使球进入罚球区。

3. 待球进入罚球区后，两队的球员迅速向其靠近，争夺球的控制权。抢到球的球员展开进攻，尝试射门得分；而另一队的球员要立即对其进行防守，并试图抢球。

4. 如果防守球员抢断了球，则两队角色互换，然后继续进行攻防战。总之，持球球员所在的队伍为进攻队伍，两名球员相互配合，试图射门得分；而另一队伍就是防守队伍，要对进攻球员进行防守，阻拦其射门并努力抢球。

5. 守门员试图拦住所有射门。在守门员救球后，供球球员随即向罚球区踢进另一个足球，继续进行训练，直至 12 个球用完。最后，进球最多的队伍获胜。

足球运动

球感训练

停球技术

踢球技术

盘带技术

战略战术

团队训练

守门员技术

热身及体能训练

脚背射门训练：世界杯进球比赛 »

供球球员

守门员

⊙ 人数：8 人

⊙ 时间：15~20 分钟

⊙ 场地布置：选择足球场球门前的区域进行训练。

⊙ 训练步骤：

1. 一名球员作为守门员，站在球门前；一名球员作为供球球员，站在球门的一侧，并准备若干足球；剩余的球员进入罚球区内自由移动。

2. 供球球员向罚球区的外侧边缘随意抛两个球。罚球区内的球员迅速向球靠近，争夺球的控制权。抢到球的球员立即展开进攻，尝试射门得分；而其他球员要马上进行防守，阻拦其射门并努力抢球。如果防守球员抢断了球，则该名球员立即展开进攻，而丢失控制权的球员立即转变为防守球员。而守门员试图拦住所有射门。

3. 每次射门后，供球球员随即向罚球区的外侧边缘抛一个球，使场地内始终都有两个足球。

4. 如果射门成功，则该名球员快速跑到球门的后面等待下一轮比赛，直至场上只剩一名球员未进球，该轮比赛结束，未进球的球员淘汰。剩下的球员进入下一轮比赛，并按照相同的规则进行比赛。以此类推完成五轮比赛，最终剩下的球员获胜。

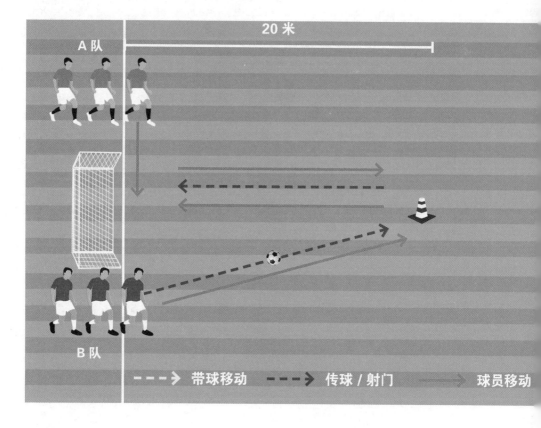

20 米

A 队

B 队

---▶ 带球移动   ---▶ 传球/射门   ▶ 球员移动

◉ 人数：6~10 人   ◉ 时间：10~15 分钟

◉ 场地布置：选择足球场球门前的区域进行训练，并在球门中央前方 20 米的位置放置一个锥桶。

◉ 训练步骤：

1. 将球员平均分为两队，每队球员排成一个纵队，分别站在球门的两侧。

2. 教练发出信号后，A 队的第一名球员迅速跑到球门前，作为防守球员；同时 B 队的第一名球员迅速前冲，跑到锥桶附近并转身面向球门。

3. 待球员到达锥桶附近后，B 队的第二名球员传一个地滚球给他。在球靠近后，锥桶附近的球员直接进行射门。注意，射门前不要有控球的动作。而 A 队的第一名球员要试图拦住射门。

4. 球员完成射门后，迅速跑到球门前，充当防守球员；而 A 队的第一名球员要前冲至锥桶附近，然后 A 队的第二名球员传一个地滚球给他，第一名球员直接射门。

5. 射门后的球员迅速跑到球门前，原守门员回到队尾，同时 B 队的第二名球员向锥桶跑去，准备射门。以此类推，直至所有球员都完成了一次射门。如果在射门后没有及时到达球门，那么对方的射门球员则得到一个"空门"的射门机会。最后，进球最多的队伍获胜。

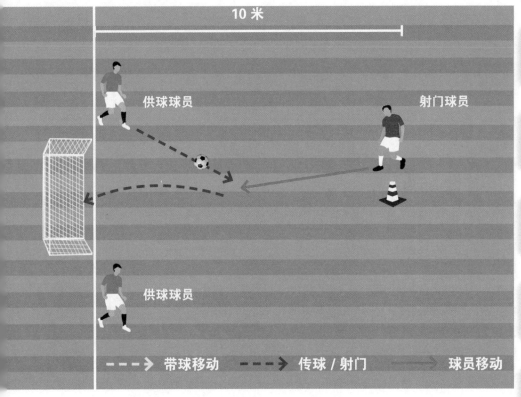

足球运动

球感训练

停球技术

踢球技术

盘带技术

战略战术

团队训练

守门员技术

热身及体能训练

◉ 人数：3 人　　　　　　　　　◉ 时间：10~15 分钟

◉ 场地布置：选择足球场球门前的区域进行训练，并在球门中央前方 10 米的位置放置一个锥桶。

◉ 训练步骤：

1. 两名球员为供球球员，分别站在球门的两侧，每人准备若干球；射门球员站在锥桶附近，并面向球门。

2. 供球球员依次向前抛球，且保证足球每次都能落在球门前方大约 5 米的位置。

3. 供球球员抛球后，射门球员根据来球路线迅速前冲，向其靠近，并在球落地前用整个脚背妾触球，以凌空射门的方式将球从空中射入球门。

4. 射门后，球员迅速返回锥桶附近，继续观察另一供球球员的抛球。然后向来球靠近，凌空射门。注意，球员要轮流使用左脚和右脚进行射门。

5. 如果成功凌空射门且进球，则球员获得一分。完成 20 次射门后，射门球员与一名供球球员互换角色，直至所有球员都进行了射门训练。最后，得分最高的球员获胜。

凌空射门：仅通过凌空射门得分 》

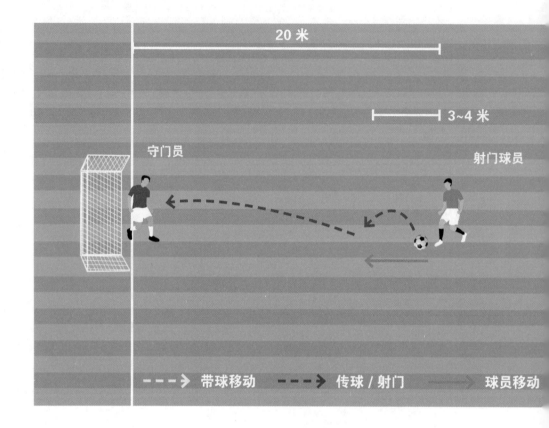

20 米

3~4 米

守门员

射门球员

- - -> 带球移动　 - - -> 传球 / 射门　 ⟶ 球员移动

⊚ 人数：2 人

⊚ 时间：10~15 分钟

⊚ 场地布置：选择足球场球门前的区域进行训练。

⊚ 训练步骤：

　　1. 一名球员作为守门员，站在球门前；另一名球员作为射门球员，持球站在球门前方 20 米的位置，面朝球门。

　　2. 射门球员向空中抛球，让其落在自己前方 3~4 米的位置。

　　3. 抛球后，球员根据球的路线迅速前移，并在球落地弹起一次后再次下降至距离地面仅几厘米高时，用脚背接触球，瞄准球门，凌空射门。

　　4. 守门员试图拦住所有射门，然后将球还给射门球员。球员带球回到原位后继续进行训练。如果射门球员成功凌空射门，则获得两分；如果射门被守门员拦住，则获得一分。

　　5. 射门球员先进行 20 次凌空射门练习，然后再进行 20 次半凌空射门练习，总共完成 40 次凌空射门练习，且球员要轮流使用左脚和右脚进行射门。然后与守门员互换角色，进行相同的训练，最后得分最高的球员获胜。

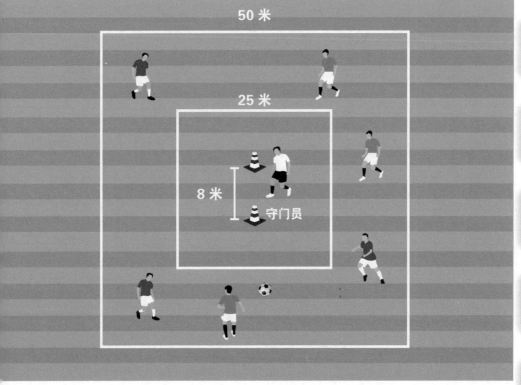

◎ 人数：7人　　　　　　　　　◎ 时间：15~20分钟

◎ 场地布置：围一个边长为50米的正方形场地，在场地中央再围一个边长为25米的正方形场地。在场地中央摆放1组锥桶作为球门，其中锥桶间距为8米。

◎ 训练步骤：

1. 一名球员作为守门员，站在球门处。将其余球员平均分为两队，每队三人，然后所有球员在比较大的场地内进行3v3比赛。

2. 任选一人持球，该队球员之间相互配合，试图将球踢进球门。可以从球门的任意一端射门，用脚背的内侧或外侧触球，使球呈弧形飞行，且高度要低于守门员的身高。注意，球员不能进入球门所处的小场地内，所有射门必须在两个场所形成的边框内进行。此外，球员可以增强球的旋转并加快速度，提高进球的概率。

3. 另一队的球员进行防守，并试图抢球。如果抢到球，那该队立即转变成进攻球队，尝试射门；而原进攻队要立刻对其展开防守。守门员时刻关注持球球员的位置，并根据进攻方向调整自己的位置，拦截射门。之后，守门员将球抛向场地的角落，让两个球队争夺球的控制权，继续进行训练，直至规定时间。最后，进球最多的队伍获胜。

足球运动

球感训练

停球技术

踢球技术

盘带技术

战略战术

团队训练

守门员技术

热身及体能训练

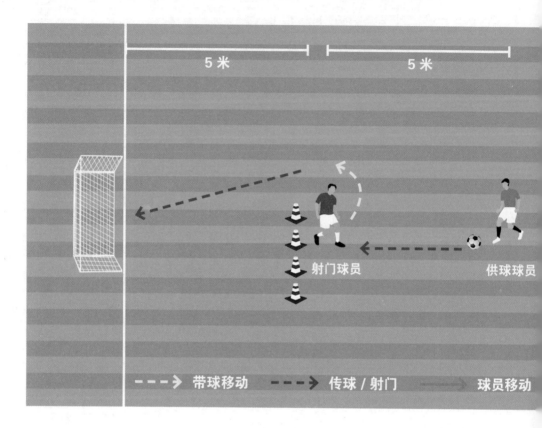

人数: 2 人　　　　　　　　　　　　　　**时间:** 10~15 分钟

场地布置: 选择足球场球门前的区域进行训练，并在球门前 5 米的位置放置一排锥桶。

训练步骤:

1. 一名球员作为射门球员，站在锥桶前方，并背对球门；一名球员作为供球球员，持球站在射门球员前方 5 米的位置，两人面对面站立。

2. 供球球员用脚的内侧触球，向前踢一个地滚球，将球准确地传给射门球员。

3. 射门球员尽可能以一次触球的方式转身，同时向侧边传球，然后随球从成排锥桶的侧面绕过。注意，要以稍微开立的姿势将传过来的球掩护到自己身后，而不是跑向来球。

4. 绕过锥桶后，立即射门，且要在距离球门五米以上的位置射门。如果顺利转身且成功射门，则获得一分。

5. 射门球员完成射门后，将球捡回，与供球球员互换角色，继续进行训练。以此类推，直至每人都进行 20 次转身射门训练，最后得分最高的球员获胜。

7.5

球感训练

停球技术

踢球技术

盘带技术

战略战术

团队训练

守门员技术

热身及体能训练

盘带训练

背对对手时采取的动作 》

在背对防守球员时，球员不仅无法看到对手的反应与动作，还会因为对手的密切关注而感到很大的压力。这时候，球员不能紧张，导致自己出现失误，让对手抢到足球，从而错失进攻的机会。

在平时的练习中，球员应该进行针对性的训练，保证自己能够在比赛中根据情况迅速做出正确的反应。

◉ 以二过一的方式直接回传或者传给侧边的队友

在比赛中，掩护传球是非常有效的过人方式，防守球员也很难在掩护传球的过程中抢到控球权。如果背对防守球员，球员可以直接将球回传，或者以佯攻的方式向侧边的队友传球并迅速绕过防守球员。这样，场上就会出现二过一的情形，防守球员便无法进行严密的防守。

◉ 接球之前转身

球员在接球前快速向来球跑去，甩开防守球员。接球前便可进行半转身，接球后，转向防守球员并快速带球向其靠近。靠近后，可以用伴攻等技术，达到迷惑对手的目的，为自己争取时间，从而绕过防守球员，继续展开进攻。

◉ 在接球之前采用伴攻

　　球员也可以在接球之前采用伴攻技术（例如虚晃步法等假动作），通过复杂的动作让防守球员疲于应对、手忙脚乱，无法察觉到自己的真正意图。之后，球员带球从相反方向突破时便不用担心被防守球员拦截从而丢失控球权。注意，在接球时必须以贴近身体的方式来掩护来球，这样可以充分掩护足球，有效提高防守球员抢球的难度。但是不要用非常刁钻的角度传球，那样非常危险且容易出现失误。

根据情况选择用脚的
内侧或外侧触球

球感训练

停球技术

踢球技术

盘带技术

战略战术

团队训练

守门员技术

热身及体能训练

◉ 在接球之后采用佯攻

　　比赛中，球员背后的防守球员会向其脚下的球发动进攻，试图抢球。此时，球员可以使用身体掩护球，再使用一个或者两个假动作迷惑防守球员。例如，球员可以先慢慢将球带到一侧，接着再采用佯攻，诱惑防守球员向预想方向移动，使其离开原位，创造防守空当，然后突然改变方向，从反方向突破防守。

足球运动

球感训练

停球技术

踢球技术

盘带技术

战略战术

团队训练

守门员技术

热身及体能训练

背对对手：三人一组的训练 ≫

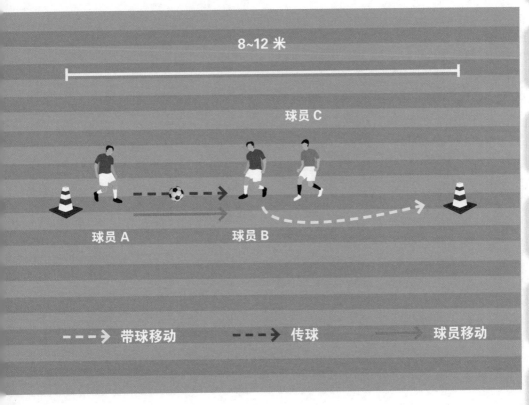

8~12 米

球员 C

球员 A　　　　球员 B

---‣ 带球移动　　　---‣ 传球　　　　球员移动

◉ 人数：3 人　　　　　　　　　　◉ 时间：15~20 分钟

◉ 场地布置：选择一块大小适中的平坦场地，两个锥桶水平放置，且间距 8~12 米。

◉ 训练步骤：

1. 球员 A 持球站在左边的锥桶附近，作为传球球员；球员 B 站在两个锥桶中间，面朝球员 A，作为进攻球员；球员 C 站在球员 B 身后，作为防守球员。

2. 球员 A 平稳地将球传给球员 B，球员 B 上前接球。

3. 球员 B 接球后转身，然后采用虚晃脚步迷惑防守球员，并迅速带球绕过防守球员，向右边的锥桶跑去。同时，球员 A 向前跑至球员 C 身后，准备对其进行防守。

4. 球员 B 带球到达锥桶后，变为传球球员；球员 C 变为进攻球员；球员 A 变为防守球员。然后，球员 B 传球给球员 C，球员 C 同样使用虚晃脚步绕过球员 A，并向左边的锥桶跑去；同时球员 B 前移至球员 A 的身后。

5. 以此类推，三名球员不断交换身份，轮流担任传球球员、进攻球员与防守球员的角色，重复进行训练，直至规定时间。

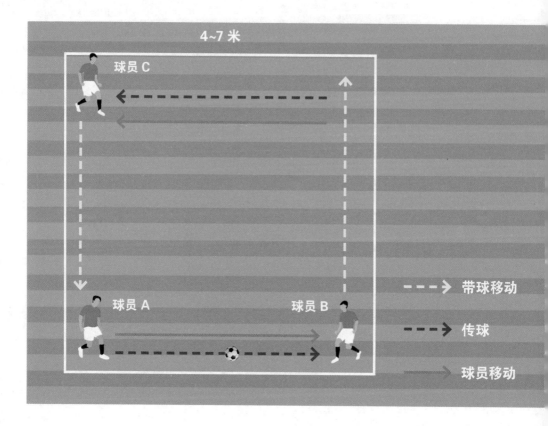

○ 人数：3 人　　　　　　　　　　○ 时间：10~15 分钟

○ 场地布置：围一个边长为 4~7 米的正方形场地。

○ 训练步骤：

　　1. 三名球员分别站在场地的边角处，其中球员 A 持球。

　　2. 球员 A 传一个低球给球员 B，传球后随即快速前移。

　　3. 球员 B 用脚的内侧触球，接球的同时向右转身，然后带球跑向前方无人的角落。此时，球员 A 应该站在球员 B 原来的位置上。

　　4. 球员 B 达到无人的角落后，将球传给球员 C，传球后同样随球快速前移。

　　5. 球员 C 用脚的内侧触球，接球的同时向右转身，然后带球向前跑去。此时，球员 B 应该站在球员 C 原来的位置上。

　　6. 以此类推，球员绕场地传球和带球移动，直至规定时间。注意，球员每次接球时，都要用脚的内侧触球；完成一轮练习后，教练可以根据情况安排用脚的外侧控球的练习。

足球运动

球感训练

停球技术

踢球技术

盘带技术

战略战术

团队训练

守门员技术

热身及体能训练

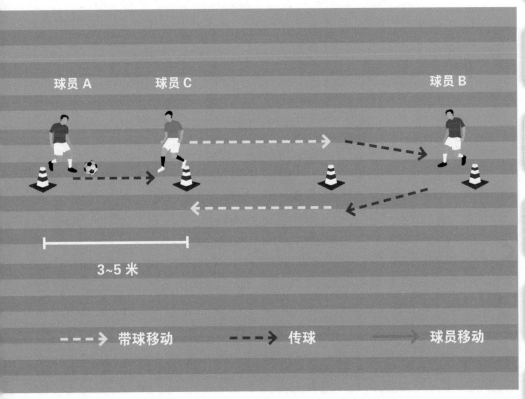

球员 A　　　　　球员 C　　　　　　　　　　　球员 B

3~5 米

- - -> 带球移动　　　- - -> 传球　　　——> 球员移动

◎ 人数：3 人　　　　　　　　◎ 时间：15~20 分钟

◎ 场地布置：选择一块大小适中的平坦场地，四个锥桶排成一行，且每两个间距 3~5 米。

◎ 训练步骤：

　　1. 球员 A 持球站在最左边的锥桶附近；球员 B 站在最右边的锥桶附近，面朝球员 A；球员 C 站在中间第一个锥桶附近，面朝球员 A。

　　2. 球员 A 平稳地将球传给球员 C，球员 C 用脚的内侧触球，控球的同时向后转身，然后带球向球员 B 靠近。

　　3. 待球员 C 达到中间第二个锥桶附近后，将球传给球员 B，然后停在原地。

　　4. 球员 B 直接将球回传给球员 C，球员 C 依旧用脚的内侧触球，控球的同时向后转身，然后带球向球员 A 跑去。待球员 C 达到中间第一个锥桶附近后，将球传给球员 A，然后停在原地。而球员 A 直接将球回传给球员 C。

　　5. 以此类推，球员 C 要重复上述练习 10 次。然后与任一传球球员互换身份，重新开始训练，直至每名球员都在中间进行了 10 次练习。

四人一组进行对手站在面前的训练 »

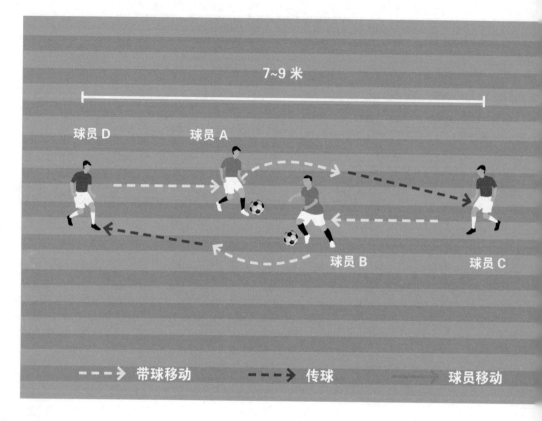

7~9 米

球员 D　　　球员 A

球员 B　　　球员 C

- - - → 带球移动　　　- - - → 传球　　　——→ 球员移动

◎ 人数: 4 人　　　　　　　　　◎ 时间: 10~15 分钟

◎ 场地布置: 选择一块大小适中的平坦场地。

◎ 训练步骤:

1. 将球员平均分为两队,面对面站在场地的中间和两边,且两队相距 7~9 米。其中,球员 A
与球员 B 各持一球。

2. 球员 A 与球员 B 同时带球前进。待两人相互靠近后,各使用一个假动作并绕过对方。其中,
假动作可以选择虚晃步法、移步、剪刀式跳法、单脚并使用脚内侧往后拖球、马修斯技巧、向内
270 度转身等,但要保证足球始终在自己的控制范围内。

3. 持球球员完全绕过对方后,将球传给自己对面的未持球球员。传球后,继续前冲至场地边
缘,且不能影响到球员 C 与球员 D 的移动。

4. 球员 C 与球员 D 接到传球后,带球前进,在相互靠近后完成一个假动作并带球绕过对方,
然后传球给对面的球员 B 与球员 A。

5. 以此类推,球员交替练习,直至规定时间。

足球运动

球感训练

停球技术

踢球技术

盘带技术

战略战术

团队训练

守门员技术

热身及体能训练

六人一组进行对手站在面前的训练 ≫

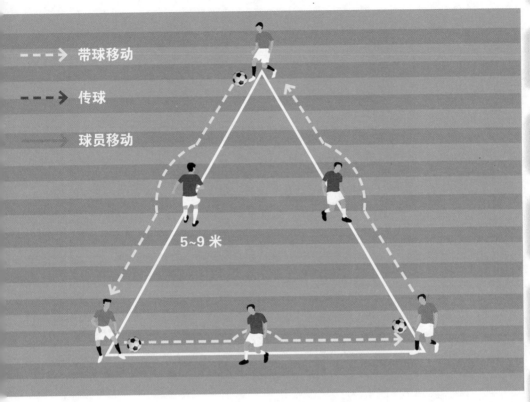

- - - ➤ 带球移动

- - - ➤ 传球

———➤ 球员移动

5~9 米

◉ 人数: 6 人　　　　　　◉ 时间: 10~15 分钟

◉ 场地布置: 围一个边长为 5~9 米的等边三角形场地。

◉ 训练步骤:

1. 将球员平均分为两队，每队 3 人。其中一队的球员持球分别站在场地的三个顶点附近，另一队球员分别站在边线中央的位置。

2. 待教练发出信号后，三名持球球员同时出发，沿边线带球前进，且始终只能在边线外侧或内侧运球。

3. 待持球球员靠近后，站在中央的球员对其进行防守，努力拦截。而持球球员要使用一个假动作迷惑对手，然后迅速带球绕过。其中，假动作可以选择虚晃步法、移步、剪刀式跳法、单脚并使用脚内侧往后拖球、马修斯技巧等，但要保证足球始终在自己的控制范围内。

4. 持球球员沿边线带球移动，并使用假动作绕过防守球员，直至规定时间。然后两队球员互换角色，重新进行训练。

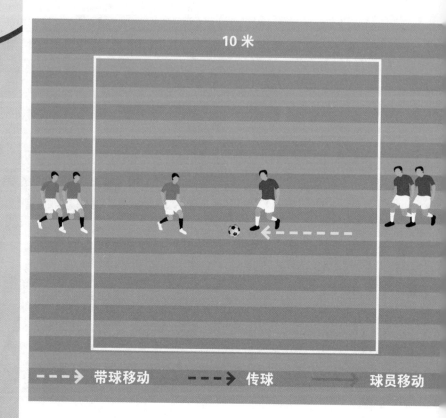

10 米

- - - → 带球移动   - - - → 传球   —— 球员移动

⦿ 人数: 6 人

⦿ 时间: 10~15 分钟

⦿ 场地布置: 围一个边长为 10 米的正方形场地。

⦿ 训练步骤:

1. 将球员平均分为两队, 分别排成一纵队, 面对面站在场地的两端, 任选一队球员持球, 作为进攻者。

2. 一名持球球员带球进入场地, 试图到达对方的底线; 另一队的首名球员进入场地对其进行防守, 且只能通过抢球技术来阻止持球球员越过自己。抢球时, 防守球员采取半蹲姿势, 以维持身体稳定。

3. 如果持球球员成功穿过场地并到达对方的底线, 则防守的队伍扣一分, 而防守球员要继续对下一名进攻者进行防守。

4. 如果防守球员抢到足球, 则防守的队伍获得一分, 然后防守球员变为进攻者, 立即向对面的底线跑去, 而对方则要立即派出另一名球员对其进行防守。

5. 以此类推, 直至规定时间。最后得分最高的球队获胜。

抢球大战 »

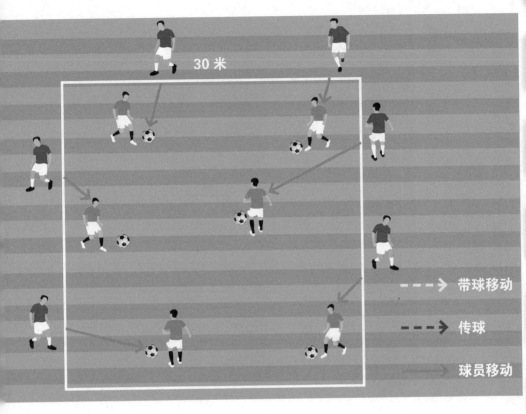

30 米

- - - → 带球移动

- - - → 传球

———→ 球员移动

足球运动

球感训练

停球技术

踢球技术

盘带技术

战略战术

团队训练

守门员技术

热身及体能训练

◉ 人数: 12 人　　　　◉ 时间: 10~15 分钟

◉ 场地布置: 围一个边长为 30 米的正方形场地。

◉ 训练步骤:

1. 将球员平均分为两组,一组为防守球员,不持球站在场外;一组为持球球员,持球在场地内分散站开并带球自由移动。

2. 待教练发出信号后,防守球员进入场地内,试图抢走持球球员的球,且防守球员只能使用正面抢截或捅球技术。如果防守球员成功抢到球,则将球踢到场外,然后立即开始抢另一名持球球员的球。注意,抢球时不得使用铲球技术,以免持球球员受伤。

3. 防守球员每将一个球踢出场外,队伍获得一分。失去球的持球球员应立即将球捡回来重新入场,继续带球自由移动,并努力护住球。

4. 练习持续 3 分钟,然后两队角色互换,重新进行比赛。比赛一共进行 4 轮,最后得分最多的队伍获胜。

个人进攻训练：转向目标并进攻 》

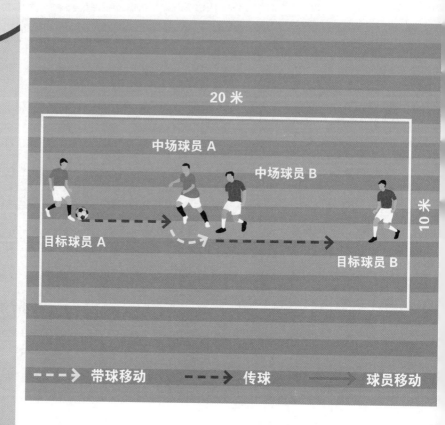

20 米

中场球员 A

中场球员 B

目标球员 A

10 米

目标球员 B

- - - → 带球移动　　- - - → 传球　　──→ 球员移动

◉ 人数：4 人　　　　　　　　　　◉ 时间：10~15 分钟

◉ 场地布置：围一个长为 20 米、宽为 10 米的场地。

◉ 训练步骤：

1. 将球员平均分为两队，每队由一名目标球员与一名中场球员组成。其中，目标球员各持一球分别站在场地的两端，两名中场球员都站在场地的中间。

2. 目标球员 A 将球平稳地传给中场球员 A。

3. 中场球员 A 接到传球后，试图带球转向目标球员 B，并向其发球进攻。同时，中场球员 B 要努力阻止中场球员 A 向后转身，并阻止其以传球或带球的方式突破己方的防线。目标球员 B 可以沿着 10 米宽的底线自由侧向移动。

4. 如果中场球员 A 成功带球转身，则获得一分；如果成功躲开中场球员 B 并将球准确地传递给了目标球员 B，则再获得一分。注意，中场球员 A 必须在 15 秒内带球转向对方目标球员并发起进攻，否则该轮比赛直接结束。

5. 该轮比赛结束后，换目标球员 B 向中场球员 B 传球，重新进行相同的比赛。以此类推，一共进行 20 轮比赛，最后得分高的队伍获胜。

足球运动

球感训练

停球技术

踢球技术

盘带技术

战略战术

团队训练

守门员技术

热身及体能训练

个人进攻训练：1（+1）v1（+1）挑战迷你球门 ≫

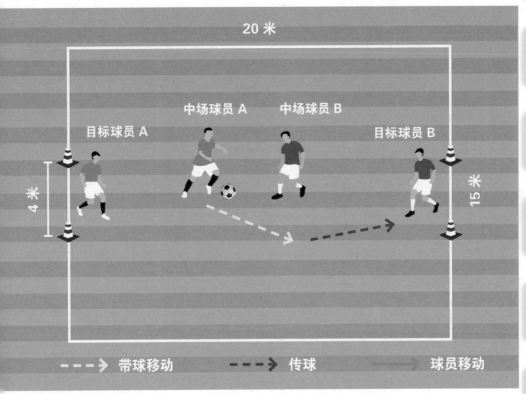

20 米

中场球员 A　　中场球员 B

目标球员 A　　　　　　　　　　　目标球员 B

4 米

15 米

- - - ➤ 带球移动　　　- - - ➤ 传球　　　━━➤ 球员移动

◎ 人数：4 人　　　　　　　　　　　◎ 时间：10~15 分钟

◎ 场地布置：围一个长为 20 米、宽为 15 米的场地，并在两侧边线的中央放置一组锥桶作为球门，其中每组锥桶间距为 4 米。

◎ 训练步骤：

1. 将球员平均分为两队，每队由一名目标球员与一名中场球员组成。其中，目标球员分别站在两侧的球门前方，两名中场球员都站在场地的中间。

2. 任选一名中场球员持球，该名球员作为进攻球员，试图将球踢进对方球门。另一名中场球员作为防守球员，对其进行防守，并试图抢球。如果抢断了球，则防守球员立即向对面的球门发起进攻。如果球出界或者球进门，则由原防守球员持球，继续开始比赛。

3. 持球的中场球员可以将球回传给己方的目标球员，以分散防守球员的注意力。但是，目标球员不可以向前移动脱离底线为队友提供帮助。

4. 每轮训练持续 3 分钟，且每轮训练结束后，队伍里的目标球员与中场球员互换身份。最后，先进 5 个球的队伍获得胜利。

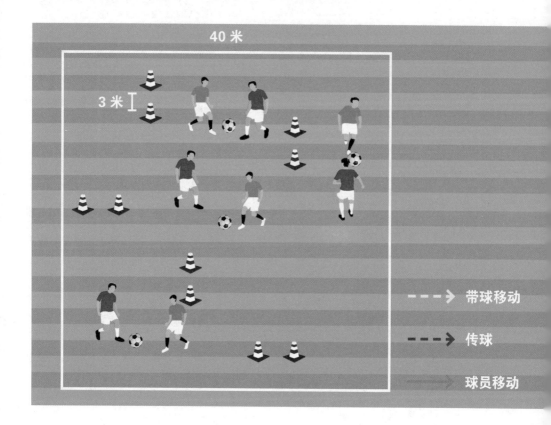

- 40 米
- 3 米
- ---→ 带球移动
- ---→ 传球
- ---→ 球员移动

◎ 人数: 8~12 人　　　　　◎ 时间: 15~20 分钟

◎ 场地布置: 围一个边长为 40 米的正方形场地，并在场地内随机摆放 4~8 组锥桶作为球门，其中每组锥桶间距为 3 米。

◎ 训练步骤:

1. 将球员平均分为两队，一个队伍里的球员分别与另一个队伍里的球员组成一组。每组中任选一名球员作为进攻球员，每名进攻球员各持一球，与各自的防守球员进行 1v1 比赛。

2. 教练发出信号后，进攻球员试图将球踢进任意球门，且可以从球门的任意一侧射门。但是不能连续瞄准同一球门。如果球出界，则进攻球员迅速将球捡回场内，然后继续进行比赛。如果成功进球，则所在队伍获得一分。

3. 其间，防守球员试图抢球或将球踢出场外。如果防守球员抢到了足球，则将球保护或控制起来，达到拖延时间、阻止进球的目的。

4. 每轮比赛持续 1 分钟，然后两个队伍的球员互换角色，重新开始比赛。一共进行 10 轮比赛，最后累计得分最高的队伍获胜。

足球运动

球感训练

停球技术

踢球技术

盘带技术

战略战术

团队训练

守门员技术

热身及体能训练

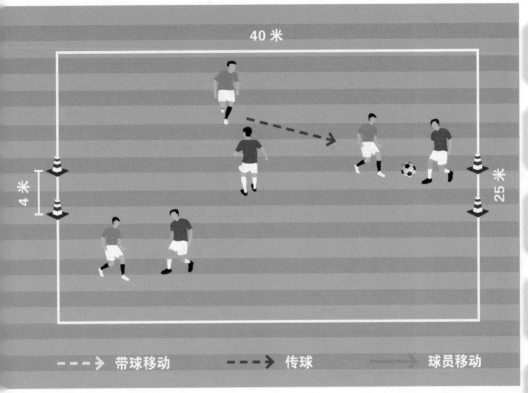

40 米

4 米

25 米

- - - → 带球移动　　　- - - → 传球　　　　　　 球员移动

◎ 人数：6 人　　　　　　　　　　◎ 时间：10~15 分钟

◎ 场地布置：围一个长为 40 米、宽为 25 米的场地，并在两侧边线的中央放置一组锥桶作为球门，其中每组锥桶间距为 4 米。

◎ 训练步骤：

　　1. 将球员平均分为两队，每个队伍各防守一个球门，且不需要守门员。

　　2. 从场地的中间开球，抢到球的球员所在的队伍成为进攻队伍；另一队伍成为防守队伍，每名球员各防守一名进攻球员，进行严格的 1v1 盯防。

　　3. 进攻球员不断相互传球，试图摆脱防守。因为没有守门员，所以持球球员可以在保证精准度的前提下在场内的任意位置射门。如果成功进球，则队伍获得一分。

　　4. 防守球员进行严密的 1v1 防守，并试图抢球或将球踢出界。因为持球球员可能在离球门较远的位置射门，所以防守球员也要时刻盯防长球。

　　5. 如果防守球员抢到足球、球出界或是球进门，则两队互换角色，继续进行比赛。比赛持续10 分钟，最后得分高的队伍获胜。

7.8

团队训练

以球为中心的防守 »

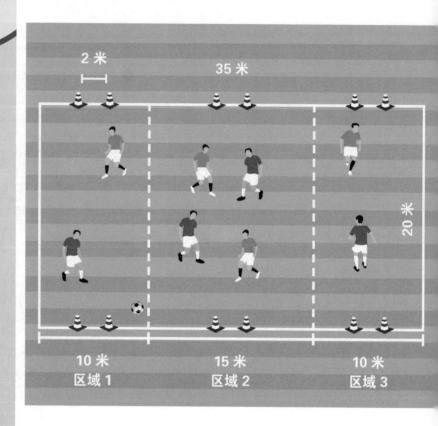

2 米

35 米

20 米

10 米
区域 1

15 米
区域 2

10 米
区域 3

◎ 人数: 8 人 ◎ 时间: 10~15 分钟

◎ 场地布置: 围一个长为 35 米、宽为 20 米的场地,并将其分成三个区域在每个区域短边的中央放置一组锥桶作为球门,每组锥桶间距为 2 米。

◎ 训练步骤:

　　1. 将球员平均分为两队,每队各负责防守场地一侧的球门。每队分别有一名球员进入区域 1 与区域 3,两名球员进入区域 2,每名球员要防守自己所在区域内的己方球门。

　　2. 随机选择一名球员持球,该队作为进攻队伍,队伍内的所有球员可以在整个场地内自由移动,并试图将球踢进对方的球门。

　　3. 防守球员对进攻球员进行防守,并阻拦射门。注意,防守球员只能在自己所在的区域和相邻的区域内活动,即在区域 2 的球员可以进入两侧的区域,在区域 1 与区域 3 的球员可以进入区域 2 活动,为队友提供支援,形成盯防平衡。

　　4. 5 分钟后,两队互换角色,重新进行比赛,最后进球最多的队伍获胜。

紧凑的防守空间 »

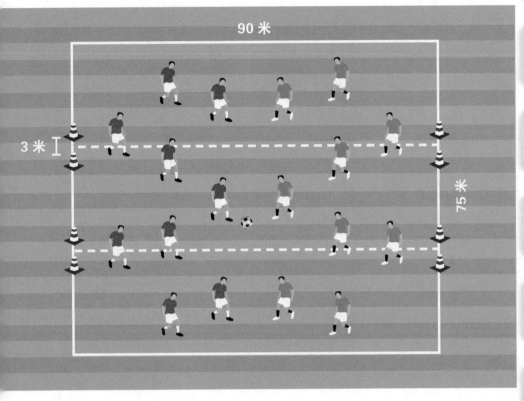

足球运动

球感训练

停球技术

踢球技术

盘带技术

战略战术

团队训练

守门员技术

热身及体能训练

◉ 人数: 18 人　　　　　　　　◉ 时间: 20 分钟

◉ 场地布置: 围一个长为 90 米、宽为 75 米的场地,并将其平均分为三块。在分界线与边线的交界处各放置一组锥桶作为球门,其中每组锥桶间距为 3 米。

◉ 训练步骤:

1. 将球员平均分为两队,每个队伍各负责一侧的两个球门,且不需要安排守门员。每个球队的球员都在各自球门前排成 3-4-2 阵形,相互对齐。

2. 教练在场地的中间开球,抢到球的队伍成为进攻队伍,队友间相互配合,试图将球踢进对方球门。另一队伍成为防守队伍,运用基础的团队防守战术展开防守,并试图抢球。注意,防守时的重点在于防守紧凑性,因此在持球球员向球门靠近时,防守球员应该迅速撤回到己方球门前,并集中在两块相邻的三分之一区域,让防守场地变得紧凑,缩小进攻球员可利用的空间。

3. 如果成功进球,则进攻队伍获得一分。如果在射门那一刻防守球员分散在三块区域内,那进攻队伍额外再得一分。如果防守球员抢到足球、球出界或是球进门,则两队互换角色,继续进行比赛。比赛持续 20 分钟,最后得分高的队伍获胜。

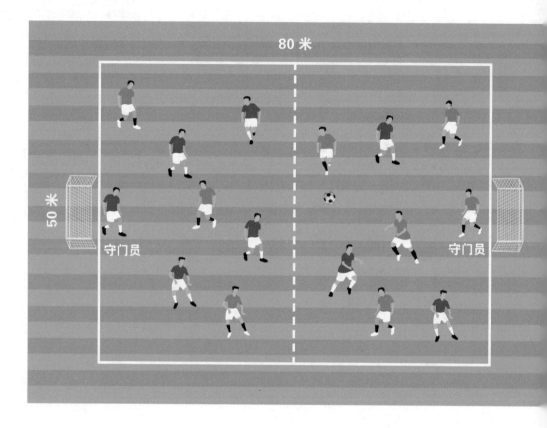

⦿ 人数：16 人　　　　　　　　　　⦿ 时间：20 分钟

⦿ 场地布置：围一个长为 80 米、宽为 50 米的场地，并将其平均分为两块。在场地两侧的边线中央各布置一个标准大小的球门。

⦿ 训练步骤：

1. 将球员平均分为两队，每个队伍各负责一个球门，由守门员站在球门之前。此外，每个队伍有 4 名球员位于防守球门侧的场地，另外 3 名球员位于对手那侧的场地。注意，比赛开始后，球员不能越过场地的中线，只能在自己所在的区域内活动。

2. 教练任选一侧开球，抢到球的球员与队友相互配合，试图将球踢进对方球门。其间，防守球员要对进攻球员进行防守，并试图抢球。防守时，球员可以尝试限制进攻球员的空间和时间，防止他们形成传球配合。如果球员在己方场地获得球的控制权，则必须在最多 3 次传球后将球传给对手那侧场地上的队友；如果违反 3 次传球的限制，则要将球的控制权罚给对方。

3. 守门员时刻注意进攻球员的动向，努力拦住所有射门。

4. 比赛持续 20 分钟，最后进球最多的队伍获胜。

足球运动

球感训练

停球技术

踢球技术

盘带技术

战略战术

数量劣势下的防守 》

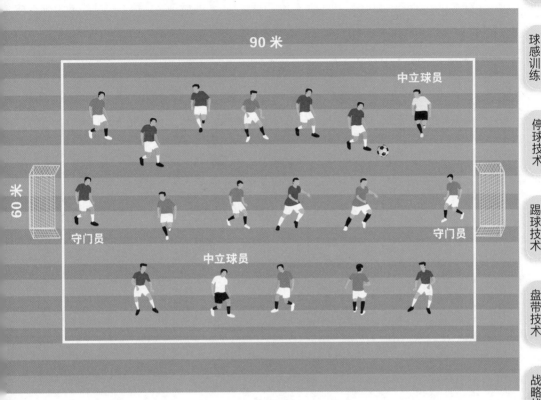

◎ 人数: 18 人 ◎ 时间: 20 分钟

◎ 场地布置: 围一个长为 90 米、宽为 60 米的场地,并在场地两侧的边线中央各布置一个标准大小的球门。

◎ 训练步骤:

1. 选择两名球员作为中立球员,然后将剩余球员平均分为两队,每个队伍各负责一个球门,由守门员站在球门之前。教练在场地的中间开球,抢到球的队伍成为进攻队伍,队友间相互配合,试图将球踢进对方球门。两名中立球员要一直帮助持球的队伍,让场上始终保持 10v8 的局面。

2. 另一队伍成为防守队伍,实施团队防守,并试图抢球。因为在球员数量上处于劣势,所以防守球队应该运用以球为中心的区域盯防策略,由距离最近的球员对持球球员进行严密的防守,其他球员迅速撤回到球门前,准备拦截传球或射门。注意,防守球员应该在纵向和横向上让球场变得紧凑,限制进攻球员的空间和时间,并在最危险的射门区域加强防守。

3. 如果防守球员抢到球,则迅速向对方球门发起进攻,同时中立球员转换帮助的队伍。比赛持续 20 分钟,最后让对方进球最少的队伍获胜。

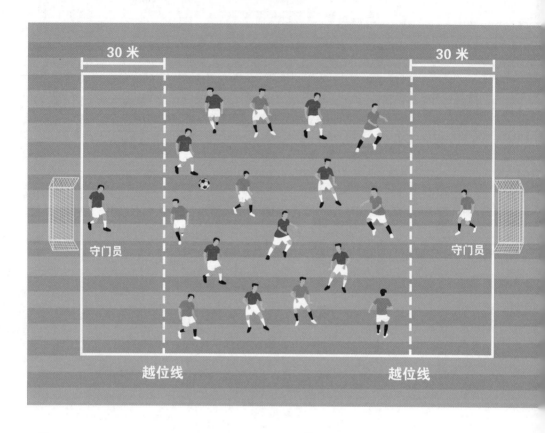

⊙ 人数: 18 人　　　　　　　　　　⊙ 时间: 25 分钟

⊙ 场地布置: 在标准场地上训练, 场地的两侧底线中间各布置一个球门。然后在距离每侧底线 30 米的位置各标记出一条越位线。

⊙ 训练步骤:

1. 将球员平均分为两队, 每个队伍各负责一个球门, 由守门员站在球门之前。在比赛开始前, 两个球队分别位于球场的两侧, 且只能站在两条越位线之间。

2. 教练在场地的中间开球, 抢到球的队伍成为进攻队伍, 队友间相互配合, 试图将球踢进对方球门。另一队伍成为防守队伍, 实施团队防守, 并试图抢球。为了防止进攻球员突破防守, 防守队伍必须杜绝对手获得向防线后方进行长传的时间和空间; 要在个人对持球球员进行严密盯防的同时, 配合紧凑的团队防守, 避免在防守中出现空缺。

3. 注意, 持球球员要在越位线之后射门才算有效, 即射门时要距离球门 30 米以上; 且在球进入越位线之前, 防守球员不能进入越位线和己方球门之间的区域。如果防守球员抢到足球、球出界或是球进门, 则攻防互换, 继续进行比赛。比赛持续 25 分钟, 最后进球最多的队伍获胜。

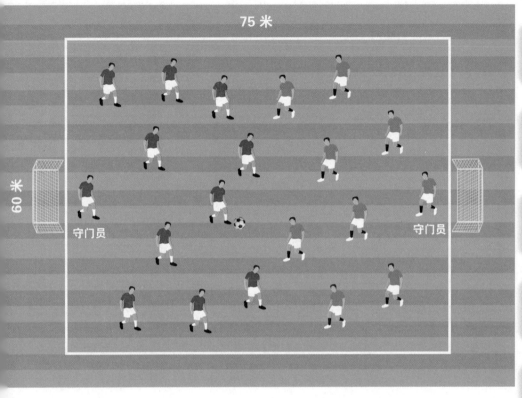

75 米

60 米

守门员 守门员

⊙ 人数: 20 人　　　　　　　　⊙ 时间: 20 分钟

⊙ 场地布置: 围一个长为 75 米、宽为 60 米的场地，并在场地两侧的边线中央各布置一个标准大小的球门。

⊙ 训练步骤:

1. 将球员分为两队，A 队 11 名球员，B 队 9 名球员，其中每队各有 1 人是守门员，使场上球员形成 10v8 的局面。球队进入球场的两侧，各自防守己方底线上的球门，并由守门员站在球门之前进行防守。

2. 开始时，设定 B 队以 1 : 0 领先。A 队先控球，向对面发起进攻。而 B 队试图运用不同防守战术保持领先一分的地位，包括对持球球员进行严密的防守、在球后方实现盯防与平衡、保持防守紧凑性等。如果 A 队在 10 分钟内进球，则赢得该轮比赛。

3. 注意，人数少的 B 队在防守时，必须对人员进行合理的安排，不让进攻球队获得进攻空间和时间。防守重点在于对进攻球员进行盯防并施加压力，在远离球的位置保证防守的平衡与全面。

4. 从 A 队抽调两名球员进入 B 队，两队互换角色，重新进行比赛。

足球运动

球感训练

停球技术

踢球技术

盘带技术

战略战术

团队训练

守门员技术

热身及体能训练

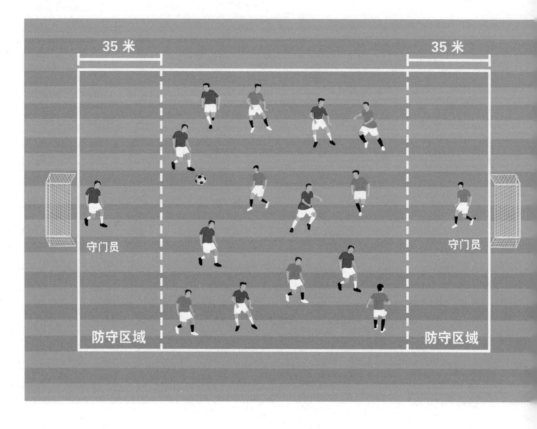

◉ 人数: 16 人　　　　　　　　　　　　◉ 时间: 25 分钟

◉ 场地布置: 在标准场地上训练，场地的两侧底线中间各布置一个球门。然后在距离每侧底线
35 米的位置各画出一条标记线，分出两块防守区域。

◉ 训练步骤:

1. 将球员平均分为两队，每个队伍各负责一个球门，由守门员站在球门之前。在比赛开始前
球员只能站在两条标记线之间。教练在场地的中间开球，抢到球的队伍成为进攻队伍，队友间相
互配合，试图将球踢进对方球门。另一队伍成为防守队伍，实施团队防守，并试图抢球。

2. 教练每隔 5 分钟吹哨暂停一次，轮流给每队一个直接任意球。在踢直接任意球时，防守球
队的所有球员都必须进入中间区域。进攻球队必须以长球的方式在己方的防守区域内将任意球踢
入防守球队的后方空间。在进攻球队的球员进入防守球队的防守区域并触球前，防守球队的球员
不能进入自己的防守区域；当进攻球员进入该区域并触球后，防守球员可以立即冲回防守区域试
图阻止对方进球。

3. 比赛持续 25 分钟，最后让对方进球最少的队伍获胜。

控球突破防守并射门 »

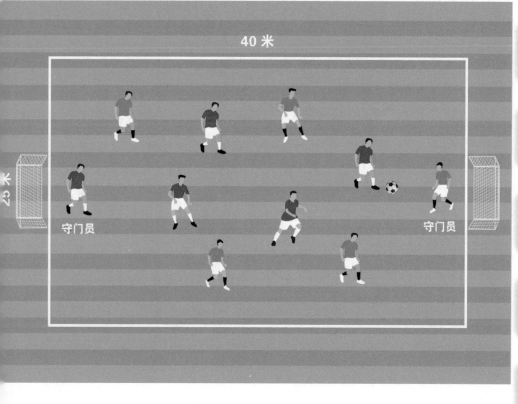

足球运动

球感训练

停球技术

踢球技术

盘带技术

战略战术

团队训练

守门员技术

热身及体能训练

◉ 人数: 10 人 　　　　　◉ 时间: 15~20 分钟

◉ 场地布置: 围一个长为 40 米、宽为 25 米的场地，并在场地两侧的边线中央各布置一个标准大小的球门。

◉ 训练步骤:

　　1. 将球员平均分为两队，每个队伍各负责一个球门，由守门员站在球门之前。

　　2. 教练在场地的中间开球，抢到球的队伍成为进攻队伍，队友间相互配合，试图将球踢进对方球门。在被严密防守时，持球球员要努力保持对球的控制权，直至找到摆脱防守并射门的机会。

　　3. 另一队伍成为防守队伍，实施团队防守，并试图抢球或是拦截传球。如果防守球员抢到球，则迅速向对方球门发起进攻，或是连续传球。

　　4. 进攻时，球员要仔细寻找防线上出现的空缺，并合理利用。如果成功进球，或是与队友完成了 8 次连续的传球，则进攻队伍获得一分。注意，连续传球期间，球不能被防守球员拦截；且如果队友接到球后将球回传给了原持球球员，则原持球球员不得将球再次传给那位队友。

　　5. 比赛持续 15 分钟，最后得分最高的队伍获胜。

在进攻区域带球射门 >>

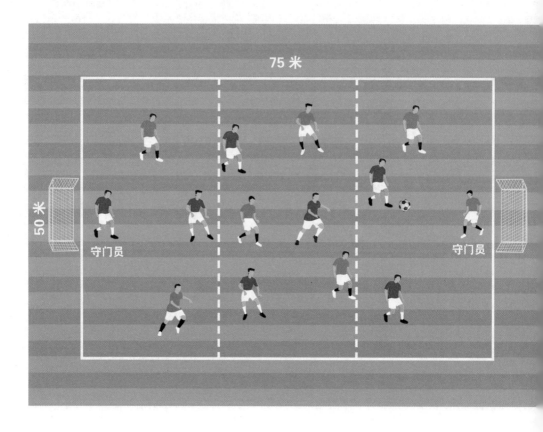

◉ 人数: 14 人 　　　　　　　　　　　◉ 时间: 25 分钟

◉ 场地布置: 围一个长为 75 米、宽为 50 米的场地,并在场地两侧的边线中央各布置一个标准大小的球门,然后纵向将其平均分为三块。

◉ 训练步骤:

1. 将球员平均分为两队,每个队伍各负责一个球门,由守门员站在球门之前。

2. 教练在场地的中间开球,抢到球的队伍成为进攻队伍,队友间相互配合,试图将球踢进对方球门。但是,在距离对方球门最近的防守区域内,持球球员在传球或射门前最多只能触球 3 次;在中间区域内,没有触球次数的限制,但仅允许持球球员向前带球进入空地,不允许通过假动作等技术带球摆脱防守球员;在距离己方球门最近的进攻区域内,持球球员不得直接射门,只有带球越过对手后才能射门。另一队伍成为防守队伍,试图抢球或将球踢出界外。如果防守球员抢到球,则迅速向对方球门发起进攻。

3. 如果进攻球员违反了各区域内的限制、球被抢走、球出界,扣一分。成功进球,得一分在进攻区域内带球摆脱对手并射门成功,得两分。比赛持续 25 分钟,最后得分高的队伍获胜。

带球越过底线得分 »

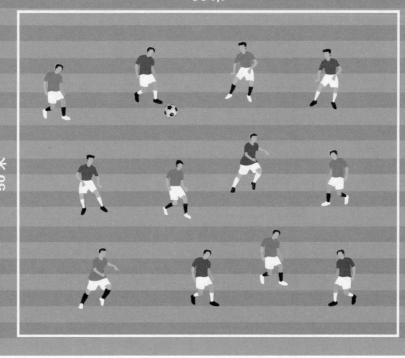

60 米

50 米

- ⊙ 人数: 12~16 人
- ⊙ 时间: 20 分钟
- ⊙ 场地布置: 围一个长为 60 米、宽为 50 米的场地。
- ⊙ 训练步骤:

1. 将球员平均分成两队,每队各负责防守场地一侧的底线,且不需要守门员。

2. 教练在场地的中间开球,抢到球的队伍成为进攻队伍,队友间相互配合,试图带球越过对方的底线。进攻时,持球球员要仔细观察所有防守球员的位置与情况,合理安排之后的战术,努力使防守队伍失去平衡,创造防线空缺,并在出现机会时全速带球前进。但是,持球球员不能向前方传球,只能通过横向或者向后传球来创造向前带球的机会。注意,应以较少的触球次数快速传球,避免球被轻易拦截。

3. 另一队伍成为防守队伍,实施团队防守,并试图抢球。如果防守球员抢到球,则迅速带球向对方底线靠近,两队角色互换。

4. 如果持球球员带球越过对方的底线,则球队获得一分。然后由另一球队球员持球,继续进行比赛。比赛持续 20 分钟,最后得分最高的队伍获胜。

足球运动

球感训练

停球技术

踢球技术

盘带技术

战略战术

团队训练

守门员技术

热身及体能训练

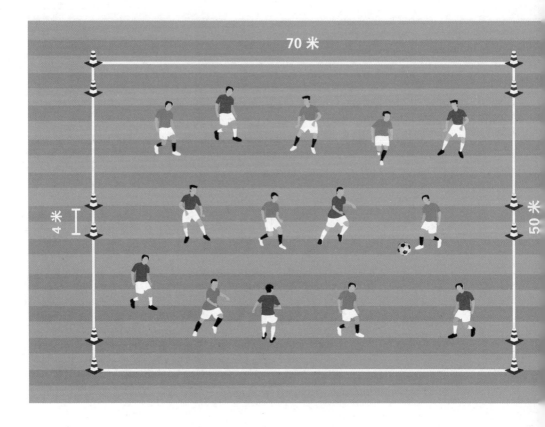

◉ 人数: 12~16 人　　　　　　　　◉ 时间: 20 分钟

◉ 场地布置: 围一个长为 70 米、宽为 50 米的场地，并在两侧边线的中央与两端的位置放置一组锥桶作为球门，其中每组锥桶间距为 4 米。

◉ 训练步骤:

1. 将球员平均分成两队，每队各负责防守一侧底线上的三个球门，且不需要守门员。

2. 教练在场地的中间开球，抢到球的队伍成为进攻队伍，持球球员快速带球向对方底线靠近，并向防守最薄弱的球门发起进攻，试图将球踢进球门。在进攻时，球员要仔细观察所有防守球员的位置与情况，对进攻队形的宽度和深度进行合理部署，以拉长对手的防守距离。同时，可以通过短距离传球吸引防守球员靠近，然后再快速将球传出改变进攻点，以突破防守。

3. 另一队伍成为防守队伍，实施团队防守，并试图抢球。如果防守球员抢到球，则迅速带球向对方底线靠近，快速从防守转向进攻。

4. 如果球进了对方的任意一个球门，且射门是低于腰部的球，则队伍获得一分。比赛进行 20 分钟，最后得分最高的队伍获胜。

足球运动

球感训练

停球技术

踢球技术

盘带技术

战略战术

团队训练

守门员技术

热身及体能训练

有中立侧翼球员的比赛 »

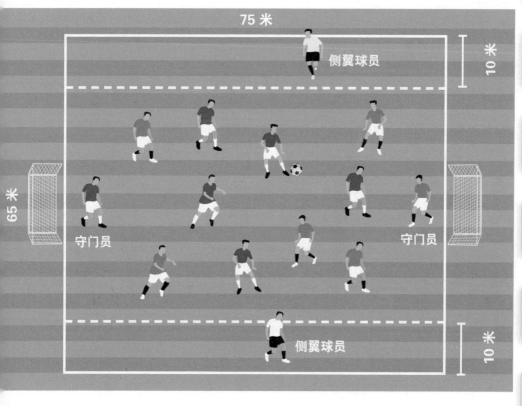

⊙ 人数: 14 人　　　　　　　　　　　⊙ 时间: 25 分钟

⊙ 场地布置: 围一个长为 75 米、宽为 65 米的场地，并在场地两侧的边线中央各布置一个标准大小的球门。然后在距离每侧边线 10 米的位置各画出一条标记线，分出两块侧翼区域。

⊙ 训练步骤:

　　1. 选择两名球员作为侧翼球员，分别站在两边的侧翼区域内；剩余的球员平均分为两队，都站在中间的区域内，每个队伍各负责一个球门，并由守门员站在球门之前。

　　2. 教练在场地的中间开球，抢到球的队伍成为进攻队伍，队友间相互配合，试图将球踢进对方球门。两名侧翼球员要去帮助持球的队伍，形成进攻球队多两名球员的优势，但是侧翼球员在未持球时的活动区域仅限于各自的侧翼区域内；在接到来自中间球员或守门员的传球后，带球进入中间区域，然后侧向将球踢向球门区。

　　3. 另一队伍成为防守队伍，实施团队防守，并试图抢球。抢到球后，要快速从防守转向进攻。

　　4. 进攻球队可以直接从中间区域进球，也可以由侧翼球员侧向射门经过球门区进球。发起于侧翼区域的进球得两分；发起于中间区域的进球得一分。比赛持续 25 分钟，得分最高的队伍获胜。

尽快进入罚球区射门 »

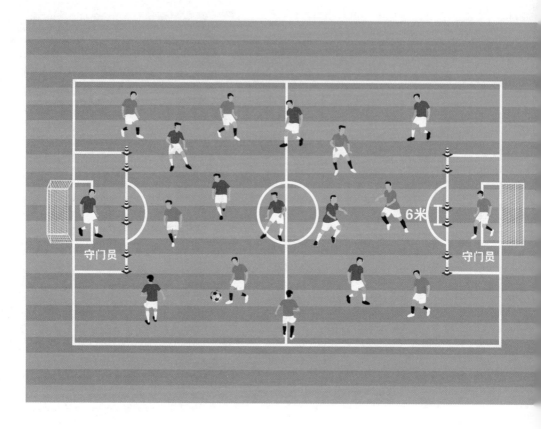

⬤ 人数: 18 人   ⬤ 时间: 25 分钟

⬤ 场地布置: 在标准的足球场内训练, 并在每侧罚球区的前方界线中央与两端的位置各放置一组锥桶作为入口球门, 其中每组锥桶间距为 6 米。

⬤ 训练步骤:

1. 将球员平均分成两队, 每个队伍各负责一个球门, 由守门员站在球门之前; 其他球员在两个罚球区之间进行 8v8 的比赛。

2. 教练在场地的中间开球, 抢到球的队伍成为进攻队伍, 队友间相互配合, 试图将球踢进对方球门。注意, 只有在球通过任意入口球门进入了罚球区后, 进攻球员才可进入罚球区, 且最多只能有 3 名进攻球员冲入罚球区完成进攻, 并且在射门之前只能进行最多两次传球。

3. 另一队伍成为防守队伍, 实施团队防守, 并试图抢球。注意, 防守球员不可以进入己方的罚球区。如果防守球员抢到了球, 则迅速向对方球门发起进攻。

4. 如果球通过入口球门进入对手的罚球区, 队伍获得一分; 如果进球了, 再获得一分。比赛持续 25 分钟, 得分最高的队伍获胜。

三个区域的转移比赛 》

足球运动

球感训练

停球技术

踢球技术

盘带技术

战略战术

团队训练

守门员技术

热身及体能训练

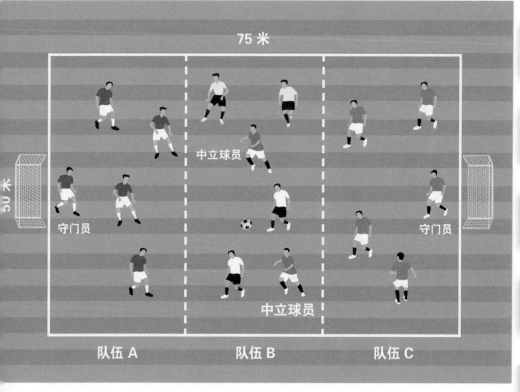

75 米

中立球员

守门员

守门员

中立球员

50 米

队伍 A   队伍 B   队伍 C

◉ 人数: 16 人

◉ 时间: 25 分钟

◉ 场地布置: 围一个长为 75 米、宽为 50 米的场地，并在场地两侧的边线中央各布置一个标准大小的球门，然后纵向将其平均分为三块。

◉ 训练步骤:

1. 选择两名球员作为中立球员，站在中间区域内；两名球员作为守门员，分别站在球门之前；将其他球员平均分为三队，每队四人，分别站在三块区域内。

2. 队伍 B 作为进攻队伍，任选一人持球，带球向前移动，试图突破队伍 A 的防守，将球踢进 A 队的球门。其间，中立球员要支援进攻队伍。

3. 队伍 A 的球员进行防守，如果球员成功抢到球或是拦截传球、守门员将球救下、进攻球员最后一次触球后球出界、射门成功进球，那么该轮比赛结束。然后队伍 A 与队伍 B 互换角色与位置，队伍 A 快速在中间区域组织好队形，带球向队伍 C 的球门发起进攻。

4. 以此类推，每支队伍轮流进行进攻与防守，而中立球员始终帮助进攻队伍。连续比赛 25 分钟，最后进球最多的队伍获胜。

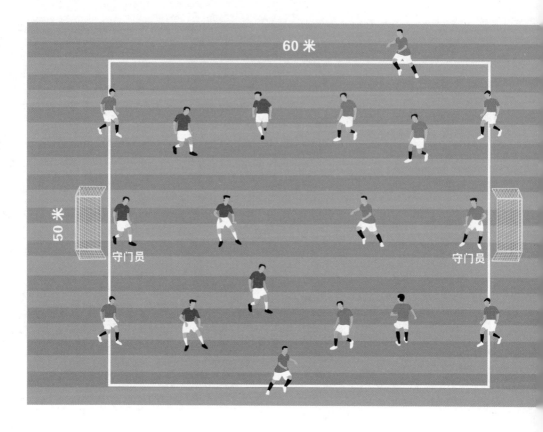

◉ 人数：18 人　　　　　　　　　◉ 时间：30~35 分钟

◉ 场地布置：围一个长为 60 米、宽为 50 米的场地，并在场地两侧的底线中央各布置一个标准大小的球门。

◉ 训练步骤：

1. 将球员平均分成三队，A 队与 B 队各负责防守一个球门，并由守门员站在球门之前；C 队的球员作为支援球员，分别站在场地四条边线上，其中有球门的底线上各站两名球员，另外两条边线上各站一名球员。

2. 教练在场地的中间开球，A 队与 B 队在场地内进行比赛，抢到球的队伍成为进攻队伍，向对方球门发起进攻。其间，持球球员可以选择将球传给边线上的支援球员，形成 12v6 的优势局面。但是，支援球员只能沿边线移动，不得进入场地内，且只能通过最多两次触球来完成传球。

3. 另一队伍成为防守队伍，实施团队防守，并试图抢球。抢到球后，要快速从防守转向进攻。

4. 比赛持续 10 分钟或是有两次进球后，任选一队与 C 队互换角色与位置，直至每支队伍都与另外两支队伍进行过一次比赛。最后，进球最多的队伍获胜。

足球运动

球感训练

停球技术

踢球技术

盘带技术

战略战术

团队训练

守门员技术

热身及体能训练

团队整体进攻 »

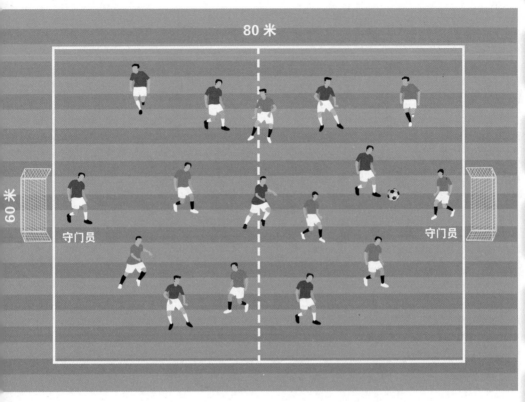

80 米

60 米

守门员　　　　　　　　　　　　　　　守门员

◎ 人数：16 人　　　　　　　　　◎ 时间：20 分钟

◎ 场地布置：围一个长为 80 米、宽为 60 米的场地，并在场地两侧的边线中央各布置一个标准大小的球门，然后在场地的中间标记一条中线。

◎ 训练步骤：

1. 将球员平均分为两队，每个队伍各负责一个球门，由守门员站在球门之前。

2. 教练在场地的中间开球，抢到球的队伍成为进攻队伍，队友间相互配合，试图将球踢进对方球门。注意，只有在进攻队伍的 7 名场上球员全部进入对方的场地后，持球球员才可以射门。所以进攻球员之间要相互关注、配合，以保证向前进攻时队伍的紧凑性；球员之间应使用短而干脆的传球配合，并强调团队整体支援，使队伍作为一个整体向前移动。

3. 另一队伍成为防守队伍，实施团队防守，并试图抢球。如果防守球员抢到了球，则迅速向对方球门发起进攻，同时所有球员迅速向对方场地移动。

4. 比赛持续 20 分钟，如果射门被守门员救下，则进攻队伍获得一分；如果成功进球，则进攻队伍获得两分。注意，得分的前提是所有球员都进入对方场地后再射门。最后得分最高的队伍获胜。

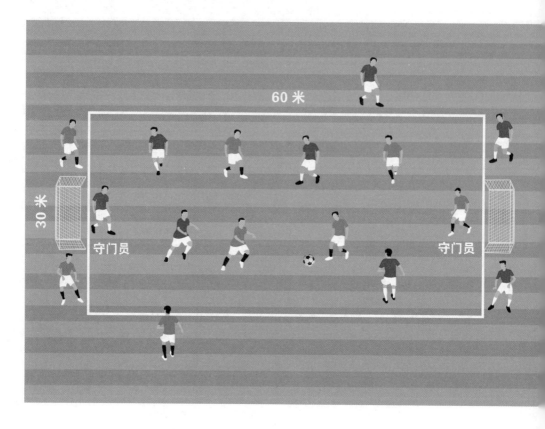

◉ 人数：16 人 ◉ 时间：20 分钟

◉ 场地布置：围一个长为 60 米、宽为 30 米的场地，并在场地两侧的底线中央各布置一个标准大小的球门。

◉ 训练步骤：

1. 将球员平均分成两队，每个队伍各负责一个球门，由守门员站在球门之前；每队各出三名球员，站在场地之外，其中两人站在对方球门的两侧，一人站在对方场地的一侧边线外；而每队剩余的五名球员进入场地。

2. 教练在场地的中间开球，抢到球的队伍成为进攻队伍，队友间相互配合，试图将球踢进对方球门。进攻时，持球球员可以选择将球传给边线外的队友，而队友在接到球后可以通过侧向球将球踢进球门区，或是在恰当的角度和距离提供支援。注意，场外的队友不得进入场地内，得相互传球，且只能通过最多两次触球来完成接球或传球。

3. 另一队伍成为防守队伍，实施团队防守，并试图抢球。抢到球后，要快速从防守转向进攻。

4. 每隔 2 分钟，场外球员和场内球员交换角色。比赛持续 20 分钟，进球最多的队伍获胜。

足球运动

球感训练

停球技术

踢球技术

盘带技术

战略战术

团队训练

守门员技术

热身及体能训练

球场一侧的 7v5 比赛 »

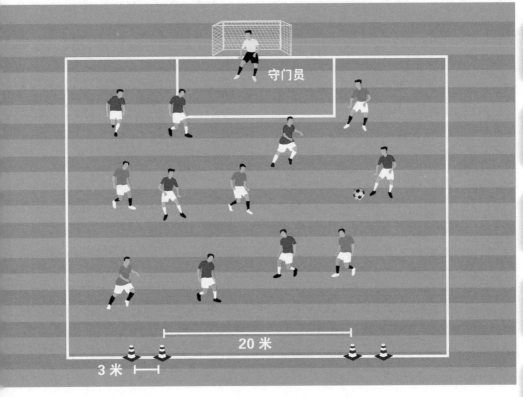

守门员

20 米

3 米

⊙ 人数: 13 人

⊙ 时间: 25 分钟

⊙ 场地布置: 选择标准球场的一侧进行比赛, 并在中线上分别放置两组距离 20 米的锥桶作为球门, 其中每组锥桶间距为 3 米。

⊙ 训练步骤:

1. 指定一名守门员, 站在标准球门之前。将剩余球员分成两队, 一队 5 人, 一队 7 人。其中, 7 人球队试图将球踢进标准球门, 同时防守两个小球门; 5 人球队试图将球踢进任意一个小球门, 同时防守大球门。

2. 开始时, 由 7 人球队持球, 向标准球门发起进攻。如果在没有丢球的情况下连续传球 8 次, 得一分; 摆脱防守球员的踢墙式二过一, 得一分; 成功射门但被守门员救下, 得一分; 在罚球区内射门进球, 得两分; 在侧翼射门进球, 得三分; 从距离球门 20 米或更远处射门进球, 得三分。

3. 开始后, 5 人球队进行防守, 并试图抢球。抢到球后, 在没有丢球的情况下连续传球 6 次, 或者将球踢进任意一个小球门, 队伍获得两分。

4. 比赛持续 25 分钟, 最后得分最高的队伍获胜。

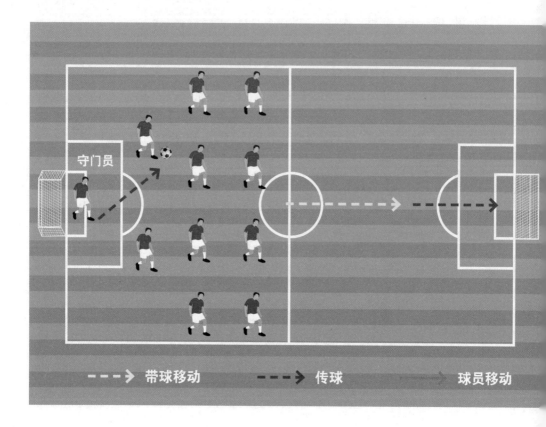

守门员

---→ 带球移动　　　---→ 传球　　　　　　球员移动

- 人数: 11 人
- 时间: 15~20 分钟
- 场地布置: 在标准的足球场内训练。
- 训练步骤:

1. 守门员站在球门之前。然后教练选择一个阵形，例如 4-4-2 阵形；剩余球员站在守门员所在的半场，并排好阵形。教练站在距离球门 30 米远的位置供球。守门员接到教练的传球后，迅速将球传给后卫或前卫球员。

2. 球员接到传球后，全体球员同时向前移动，在靠近对面球门后，持球球员射门。移动时，球员之间相互传球，频繁改变进攻点，且要始终保持 4-4-2 的阵形。注意，球员只能通过最多三次触球来完成接球、传球或射门，以保持比赛的流畅性。

3. 此外，持球球员要根据球的位置与移动方向选择合适的进攻战术，不断模拟比赛时的情景。刚开始训练时，可以慢速前进，待球员之间的配合愈发默契后，不断加快移动速度，直至球员的前进速度能够与正式比赛时的速度相近。

4. 射门后，球员快速跑回到原来的位置，重新进行训练，直至以比赛速度重复练习 30 次。

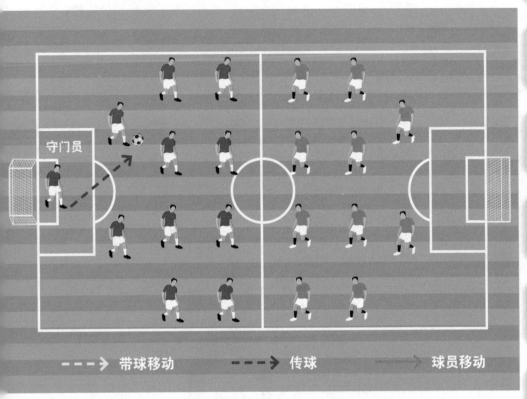

- - - → 带球移动　　- - - → 传球　　───→ 球员移动

足球运动

球感训练

停球技术

踢球技术

盘带技术

战略战术

团队训练

守门员技术

热身及体能训练

◉ 人数: 21 人

◉ 时间: 15~20 分钟

◉ 场地布置: 在标准的足球场内训练。

◉ 训练步骤:

1. 守门员站在球门之前。教练选择一个阵形，例如 4-4-2 阵形；剩余球员平均分为两队，每个队伍各负责一侧的两个球门，分别在各自球门前排成 4-4-2 阵形，并相互对齐。

2. 守门员持球，传给任意队友开始比赛。球员接到传球后，全体球员同时向前移动，在靠近对面球门后，持球球员射门。移动时，球员之间相互传球，以摆脱防守，且球员只能通过最多三次触球来完成接球、传球或射门，以保持比赛的流畅性。

3. 防守球员实施团队防守，联合起来阻止进攻球员的前进，并时刻提防持球球员从大角度的射门。防守时，球员要严密盯防对手，努力缩小进攻球员可利用的空间，以免对手轻易突破防守。注意，防守球员只能拦截误传球，但是不得抢球。

4. 持球球员射门进球或者防守球员拦截到传球后，立即将球传回给守门员，而球快速跑回到原来的位置，重新进行训练，直至以比赛速度重复练习 30 次。

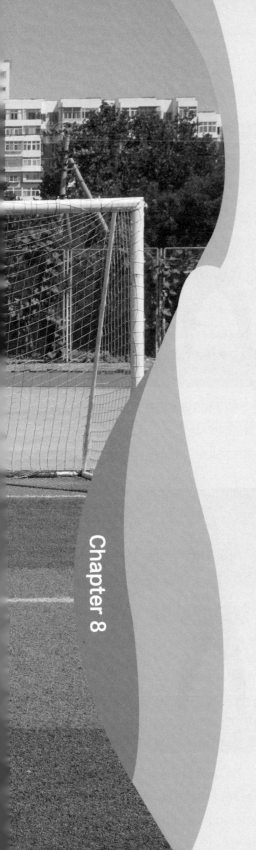

第 8 章
守门员技术

在足球比赛中，守门员扮演着十分重要的角色，其不仅是最后一道防线，也是发起反攻的开始。在顺利阻拦射门后，守门员需要牢牢控制住足球，不给进攻球员进行二次射门的机会。之后，守门员需分析场上局势，传球给合适的队友，帮助球队展开进攻。

Chapter 8

扫一扫，看视频

根据足球和守门员之间的距离，守门姿势可以分成三种。

01 在进行近距离守门时，守门员双脚平行开立，大于肩宽，双腿屈膝。向前俯身，并时刻注意持球球员的动向，随之调整自己的位置。肩膀下沉，双臂在身体两侧向下伸直，掌心朝前，以有效阻挡地滚球。

02 在进行中距离守门时，守门员双脚平行开立，大于肩宽，双腿屈膝，保证自己能够随时灵活移动。向前俯身，并时刻观察持球球员的动作与足球的位置；双手放在身体中间，以便处理不同高度的球。

足球运动

球感训练

停球技术

踢球技术

盘带技术

战略战术

团队训练

守门员技术

热身及体能训练

03 在进行远距离守门时，守门员双脚平行开立，大于肩宽，膝关节微屈。双臂在身前抬起并稍稍下垂，掌心朝下，并时刻观察持球球员的动作与足球的位置。略微向前俯身，并随时准备向各个方向出击，努力拦截射门。

扫一扫，看视频

 错误动作讲解

! 比赛中，守门员需要根据球的距离做出合适的守门姿势，以提高防守的成功率，并将不同技巧充分发挥。注意，双臂不要过于下垂，也不要将手摆在脸前，这样是无法及时对射门进行拦截的。

扫一扫，看视频

移动（侧滑步）》

01 做好守门姿势，仔细观察持球球员的动作，在其射门后，迅速向来球方向移动。如果来球在身体的左侧，则右脚蹬地，向左脚并拢。

02 右脚落地后，左脚随即向左迈步，以此类推，直至上身正对着来球方向，然后拦住射门。注意，守门员在迈步时身体不能跳起，双脚也不能抬得过高，并要时刻保持身体平衡。

扫一扫，看视频

足球运动

球感训练

停球技术

踢球技术

盘带技术

战略战术

团队训练

守门员技术

热身及体能训练

01 做好守门姿势，仔细观察持球球员的动作，在其射门后，迅速向来球方向移动。如果来球在身体的左侧，则右脚蹬地，向左迈步，在身前形成交叉步。

02 右脚落地后，左脚随即上步，落在右脚的左侧。移动过程中，保持身体平衡，稳健地移动位置；在靠近来球路线后，身体进行制动，并拦住射门。

01 观察队友的站位，思考抛球路线。因为抛的是地滚球，所以自己与接球队友之间不能有对方的球员，以免球被拦截。

02 将球置于身体右侧，抛球前的最后一步由左脚迈出，并将重心放在左腿。左手放在左腿上，向前俯身并下蹲，左脚用力蹬地的同时右臂向前抛球。注意，抛球前右臂要尽量后摆，抛球后右臂随球前摆。

侧向手抛球 》》

足球运动

球感训练

停球技术

踢球技术

盘带技术

战略战术

团队训练

守门员技术

热身及体能训练

01 观察队友的站位，思考抛球路线。注意，侧向手抛球主要用于传球给近距离跑动的球员。向前助跑，同时向右侧身，双手抱住足球，使足球移至身体的右后方。

02 重心移至后腿，右臂充分后摆，并用右手的手腕将球固定。然后向左转身，带动右臂前摆，并在最高点将球向前抛出，且抛球的球路要与地面平行。抛球后守门员的视线要一直盯着足球，同时右臂继续前摆。

01 观察队友的站位，思考抛球路线。注意，手抛高空球的抛球距离会比较远。向前助跑，同时向右侧身，双手抱住足球，使足球移至身体的右后方重心移至后腿。

02 右臂充分后摆，并用右手的手腕将球固定。然后向左转身，左臂在身前自然向下挥动，共同带动右臂前摆，在最高点将球向斜上方抛出。抛球时要充分利用转动身体的力量，抛球后右臂继续前摆。

01 观察队友的站位，思考传球路线。双手抱球置于身前，然后非踢球脚向前迈出一步，同时松手，让球自然下落。其间，要保持头部稳定，视线落在球上。

02 左腿微屈撑地，右腿屈膝后摆，并让肩部和臀部与接球队友保持平行。待球落至膝盖附近时，右腿前摆，从球的下方用脚背触球，用力向前踢球。踢球后，右腿继续前摆，且随球动作持续到腰部或更高。

足球运动

球感训练

停球技术

踢球技术

盘带技术

战略战术

团队训练

守门员技术

热身及体能训练

8.4

扫一扫，看视频

01 根据球的位置摆好守门的基本姿势，然后分析来球的球路，预测出足球的落点，并迅速向其靠近。其间，视线不要从球上离开。

02 看准时机，双脚均匀用力，根据来球高度同时向上跳起。双臂向上伸直，并在头部的斜上方接住球。接球后，身体自然下落，双手紧紧抱住足球，并在落地时保持身体平衡。

01 根据球的位置摆好守门的基本姿势。分析球路，预判落点，并根据足球落下的时机开始准备助跑和起跳。注意，起跳前的助跑不要迈步过多，以免打乱节奏；并向后摆臂。

02 看准时机，右腿屈膝高抬，同时左脚用力蹬地，单脚向上跳起，并利用向上摆动手臂的惯性使身体跳得更高。在空中举高双臂，在头部的斜上方接住射门。接球后，身体自然下落，双手紧紧抱住足球，并在落地时保持身体平衡。

足球运动

球感训练

停球技术

踢球技术

盘带技术

战略战术

团队训练

守门员技术

热身及体能训练

01 根据球的位置摆好守门的基本姿势，然后分析来球的球路，预测出足球的落点。时刻注视着来球，侧向移动向其靠近。如果之后向左上方起跳，则将重心左移。

02 左脚蹬地，向左上方跳起，双臂向上举，使用手掌和手指向外托球。落地时，要注意安全，充分卸力，避免摔伤。

扫一扫，看视频

足球运动

球感训练

停球技术

踢球技术

盘带技术

战略战术

团队训练

守门员技术

热身及体能训练

01 根据球的位置摆好守门的基本姿势。分析球路，预判落点，并根据足球落下的时机准备助跑和起跳。注意，起跳前的助跑不要迈步过多，以免打乱节奏。

02 看准时机，右腿屈膝高抬，同时左脚蹬地，单脚向上跳起。根据来球力度选择单手或双手击球，在身前单手握拳或双手握拳并拢，然后手臂向斜上方伸去，用拳头的侧面或双拳形成的平面触球，向外击球。起跳脚先落地，另一条腿顺势前伸，且双腿屈膝缓冲。

扫一扫，看视频

接球手形 》

01 铲斗形接球手形用于接直接射向守门员的贴地射门。双臂前伸，双手张开，从球的后方接球。

02 杯形接球手形用于接直接射向守门员腰部高度的球。双手张开掌心朝上置于身前，并在接到球后将球揽入怀中。

03 W形接球手形用于接在胸部以上高度的射门。双手举到脸前，手指张开，掌心朝前，接球时手指要分布在球的侧面和后面，形成W形。

足球运动

球感训练

停球技术

踢球技术

盘带技术

战略战术

团队训练

守门员技术

热身及体能训练

01 观察来球的球路，迅速向其靠近。到位后，调整身体的方向，使身体正对来球方向，同时双脚平行开立，大于肩宽，双臂在身前上举，准备接球。其间，视线不要从球上离开。

02 双臂向上伸直，并根据来球的路线调整高度，用双手接住射门。接球时，双手的拇指和食指靠近，以防足球从双手之间漏过。接球后，双手抱球回到胸前，并确保足球不会掉落。

扫一扫，看视频

01 观察来球球路，预测足球的落点，并迅速向其靠近，让自己能够在身体正面接球。到位后，双腿屈膝，弯腰俯身，根据来球的高度降低身体的高度，然后双臂迎球前伸，掌心朝上，准备接球。

02 接到球后，将球揽入怀中，并用上身压住足球，确保足球不会掉落。其间，时刻保持身体平衡，并注意进攻球员的位置。

扫一扫，看视频

足球运动

球感训练

停球技术

踢球技术

盘带技术

战略战术

团队训练

守门员技术

热身及体能训练

01 观察来球球路，迅速向其靠近，挡在来球的前进路线上。到位后，屈膝下蹲，弯腰俯身，降低身体的高度；然后双臂迎球前伸，并使指尖接近地面，准备接球。注意，在下蹲时，一条腿微屈撑地，另一条腿要屈膝贴向地面，形成阻挡球的第二道屏障。

02 掌心朝上，双手接球。接到球后，将球揽入怀中，并用上身压住足球，确保足球不会掉落。如果没有抱住球，则要迅速用贴向地的腿阻挡球。

扫一扫，看视频

01 倒地接球主要在接力量较大的地滚球，或是接地滚球时周围有进攻球员时使用。倒地接球与接地滚球的接球方法是一致的：守门员先移至球的前进路线上，屈膝弯腰，降低身体高度；然后双臂迎球前伸，指尖靠近地面，双手接住来球。

02 接到球后，将球揽入怀中，然后身体向前倒去，使膝关节和肘部接触地面，用身体将球压在地面上。倒地时，要注意安全，防止受伤。

01 观察来球球路，迅速向其靠近，挡在来球的前进路线上。到位后，双脚平行开立，大于肩宽；向前弯腰，双臂向下伸去，使得指尖着地，同时双手掌心朝前，相互靠拢形成铲斗形。然后接住来球。

02 接球时，身体稍向后收，缓冲来球的冲力；并让足球沿手腕滚动至前臂，屈肘将球抱住。

03 在胸前将球抱紧，并用上身压住足球，确保足球不会掉落。

足球运动

球感训练

停球技术

踢球技术

盘带技术

战略战术

团队训练

守门员技术

热身及体能训练

01 双脚平行开立，大于肩宽。根据来球路线侧向移动，其中向侧边迈步的腿到位后屈膝撑地；另一条腿随之弯曲，使膝盖着地，让自己半跪在来球的移动路线上。身体前倾，双臂在身前向下伸去，掌心朝前，手指张开，双手接住来球。

02 让足球沿手腕滚动至前臂，屈肘将球抱在胸前，并用上身压住足球，确保足球不会掉落。其间，时刻保持身体平衡，并注意进攻球员的位置。

倒地扑救 – 扑地滚球 ≫

足球运动

球感训练

停球技术

踢球技术

盘带技术

战略战术

团队训练

守门员技术

热身及体能训练

01 观察来球的球路，选择合适的移动步法，侧向移动。如果追不上来球，则左脚用力蹬地，右脚向右侧迈一大步，同时重心右移，身体右倾，目光始终跟随球的移动路线，做好扑救的准备姿势。

02 右脚用力蹬地，身体完全伸展，侧向倒地，右臂前伸，在双腿的延长线上用手将球向外扑出。倒地时，左手和右腿先着地并撑住，保护自己不会摔伤。倒地后，尽快起身继续进行防守，防止对手补射。

01 目光始终跟随来球，做好扑救的准备姿势。在球靠近后，左脚用力蹬地，重心右移，右脚向斜前方迈一大步。然后右脚用力蹬地，身体迎球前扑，双臂前伸，用双手抱住足球。

02 接住球后，自然倒地，其间，要用右手在侧面护住足球，避免球滚走。注意，着地的先后顺序为：脚部、小腿、腰部、足球、肩部，且身体保持放松，避免受伤。倒地后，将球牢牢控制在自己怀里。

向前鱼跃扑救 >>

扫一扫，看视频

01 如果一对一抢断时持球球员脚下丢球，或者守门员想要抢持球球员的脚下球时，守门员可以使用向前鱼跃扑救技术。但是向前鱼跃扑球的危险性较大，所以在练习与比赛中要注意安全。首先，观察来球位置，前冲向其靠近，并压低身体，为鱼跃做好准备。

02 如果想要向右鱼跃扑救，则右脚用力蹬地，双脚离地，向来球方向鱼跃；同时双臂前伸，用双手接住球。接球后，身体放松，自然落地，并用双手和其他身体部位一起护住球。

足球运动

球感训练

停球技术

踢球技术

盘带技术

战略战术

团队训练

守门员技术

热身及体能训练

01 在对持球球员进行一对一封堵时，守门员需要在跑动中用双手封堵对方的射门。在扑球前，要仔细观察持球球员的位置与移动路线，判断出合适的扑救时机，并迅速向球靠近。在跑动的过程中，逐渐降低身体的重心，做好扑救的准备。

02 张开双臂，进行扑救，身体完全伸展，挡在球的移动路线上，并在拦住足球后尽量将其压在身下。其间，视线始终不能离开足球，保证扑救的准确性。如果球不慎脱手，立刻用身体阻挡持球球员的二次射门。

足球运动

球感训练

停球技术

踢球技术

盘带技术

战略战术

团队训练

守门员技术

热身及体能训练

01 身体封堵是一种正面封堵方式，守门员要用身体阻挡持球球员的射门。在进行封堵前，守门员要仔细分析持球球员的位置与移动路线，然后迅速移动到对方射门的球路上。在跑动的过程中，紧盯足球，并逐渐降低身体的重心，做好封堵的准备。

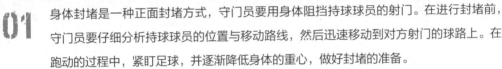

02 在持球球员准备射门的那一刻，尽量张开四肢，挡在对方的射门球路上，用身体封堵对方的射门，并在拦住足球后尽量将其控制住。如果球不慎脱手，立刻用身体阻挡持球球员的二次射门。

第9章
热身及体能训练

在足球比赛中，球员需要进行长时间、长距离的快速跑动，也要持续进行严密的防守。球员如果想要在长达 90 分钟的比赛中始终保持良好的状态，不仅要在平时进行足够的体能训练，还要在比赛前进行适当的热身运动。同时，充分的热身也可以降低受伤的风险。

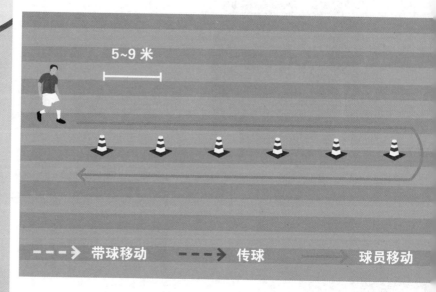

5~9 米

- - - → 带球移动　　- - - → 传球　　　球员移动

01 在平坦场地内进行训练，在场地内将 6~10 个锥桶以 5~9 米的间距摆成水平一排。其中，锥桶的个数与间距可以根据球员的水平进行一定的调整。

02

球员站在第一个锥桶之后，待教练发出信号后，向前匀速慢跑至最后一个锥桶。然后绕过锥桶并转身，再跑回至起点，且要不断加快速度，并冲刺一段距离。跑动时，背部挺直，手臂在身体两侧自然前后摆动。每名球员完成两组直线慢跑训练。

5~9 米

- - - → 带球移动　- - - → 传球　──→ 球员移动

01 在平坦场地内进行训练，在场地内将 6~10 个锥桶以 5~9 米的间距摆成水平一排。其中，锥桶的个数与间距可以根据球员的水平进行一定的调整。

02 球员站在第一个锥桶之后，待教练发出信号后，向前慢跑，并在经过每一个锥桶时停下，在原地跳起，交替抬高一侧膝盖并外转，使髋关节向外转动，左右腿各做一次。到达最后一个锥桶后，慢跑返回起点。每名球员完成两组髋关节向外慢跑训练。

足球运动

球感训练

停球技术

踢球技术

盘带技术

战略战术

团队训练

守门员技术

热身及体能训练

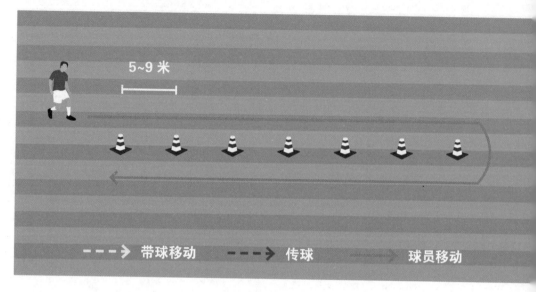

5~9 米

- - - → 带球移动 - - - → 传球 球员移动

01 在平坦场地内进行训练，在场地内将 6~10 个锥桶以 5~9 米的间距摆成水平一排。其中，锥桶的个数与间距可以根据球员的水平进行一定的调整。

02 球员站在第一个锥桶之后，待教练发出信号后，向前慢跑，并在经过每一个锥桶时停下，在原地跳起，一条腿屈膝抬高并外摆，然后再向内转动，使髋关节向内旋转，左右腿各做一次。到达最后一个锥桶后，慢跑返回起点。每名球员完成两组髋关节向内慢跑训练。

静态支撑 ≫

面朝地面，趴在瑜伽垫上，用前臂与双脚的脚尖着垫，将身体撑起，腹部收紧，保持该姿势 30 秒。重复练习三组。注意，支撑时肘部要放在肩膀的正下方，且核心收紧，不要塌腰，使身体呈一条接近水平的直线。

单腿抱球站立 ≫

单腿站立在平坦地面上，双手在身前抱住球，并将身体和球的重量集中到撑地腿的脚上。保持该姿势 30 秒，然后换腿进行相同训练。每条腿训练两次。注意，抬腿时两条腿的膝盖不要碰在一起。抱球会使部分注意力分散，影响平衡。如果无法完成该训练，可以不抱球，双臂在体侧水平抬起或叉腰，帮助身体保持平衡。

足球运动

球感训练

停球技术

踢球技术

盘带技术

战略战术

团队训练

守门员技术

热身及体能训练

01 背部挺直，双脚平行开立，与髋同宽，双手叉腰或前平举，目视前方。屈髋屈膝向下蹲，直至髋关节和膝关节弯曲呈90度。保持深蹲姿势3秒。

02 臀部与腿部肌肉发力站起，重复以上动作，30次为一组，间隔1分钟，完成两组。

注意 深蹲时，想象坐在椅子上的感觉，向下蹲；其间，保持背部挺直，且脚尖与膝盖要始终指向正前方，膝盖不要相互靠近，不要内扣。

01 直立，双手叉腰或自然垂于身体两侧。慢慢向前弓步行走，每迈一步，前腿屈膝至髋关节和膝关节都弯曲呈90度，同时后腿膝盖尽量去触碰地面。其间，背部始终挺直，目视前方，保持身体的平衡与重心的稳定。

02 保持弓步姿势1秒左右，然后向前收后腿，使双脚恢复平行开立，并起身站直。双脚轮流向前弓步行走，且行走轨迹要是一条水平的直线，一共走20步，然后慢走回到起点。完成两组训练。

注意 迈步时，前腿膝盖要位于脚背上方，且不能超过脚尖，使膝盖不会前后晃动，避免扭伤膝盖。弓步行走时吸气，收腿站直时呼气。开始时教练可以站在前方观察球员的动作，及时指出球员的错误动作。

足球运动

球感训练

停球技术

踢球技术

盘带技术

战略战术

团队训练

守门员技术

热身及体能训练

纵向垫步跳 »

扫一扫，看视频

01

站在平地，挺胸抬头，目视前方。双脚并拢，脚尖朝前，双腿伸直，双臂自然垂于体侧。

02

保持背部挺直，核心收紧，一侧腿抬起至大腿与地面接近平行，且脚尖勾起。之后，脚落在身前，且在落地瞬间前脚掌用力蹬地，快速向上原地垫步跳，同时换另一侧腿抬起至大腿水平。持续垫步跳1分钟，其间，双臂随之前后摆动。

侧身跳跃 »

扫一扫，看视频

01

双手叉腰或放在身前，双腿站立，略微屈膝屈髋，腰背挺直，身体稍向前倾。

02

一侧腿向外侧蹬地发力，向对侧横向跳跃，对侧腿单腿落地。落地时，前脚掌先着地，并略微屈髋屈膝进行缓冲。注意，跳跃时躯干要保持稳定，且抬起的那侧膝盖不要摇晃，保持身体平衡。侧身跳跃30秒后，向相反方向跳去。

振臂跳 »

扫一扫，看视频

01 双脚开立，距离小于肩宽，挺胸抬头，目视前方，双臂自然垂于身体两侧。

02 臀部与腿部发力，身体向上跳起，一侧手臂伸直举过头顶，对侧腿屈髋屈膝向上抬起。两侧交替，重复以上步骤。

其他角度

双臂屈伸 >>

扫一扫，看视频

01 调整器材高度，确保自己能够顺利支撑，且下降到最低点时双脚不会碰到地面。站在把手中间，垂直向上跳起，并双手抓住把手，伸展肘部以伸直手臂，将身体向上撑起。

02 慢慢屈肘，使身体垂直下降，直至上臂与地面接近平行，且手肘不得高过肩膀。在最低位保持 5 秒后，再慢慢将身体垂直向上撑起，直至手臂完全伸直，然后在最高位保持 5 秒。

03 以此类推，双手撑住把手，反复抬升、下降身体。一下一上为一次一共练习 15 次。然后休息 1 分钟，再练习 15 次。

注意 练习时，双脚不要随动作抬高，双腿自然下垂即可。如果动作正确，则肩膀前面会有拉伸感。

扫一扫，看视频

01

双脚平行开立，与肩同宽，双手抓住弹力带的两端，掌心朝前，自然垂于体侧。将弹力带踩在脚下，并调整弹力带的长度，使弹力带处于刚好拉直的状态。

02

背部挺直，双手抓紧弹力带的两端，向内屈肘，上拉弹力带，直至双手到达肩膀前方。稍做停留后回到起始姿势，重复练习 30 次。

海豹爬行 》

扫一扫，看视频

趴在地面上，用双手将上半身和大腿撑起（刚开始练习时可以仅将上身撑起）。双手轮流向前移动，仅依靠手臂爬行，拖动双腿向前移动。在能熟练进行海豹爬行后，背部和髋部呈一条直线，且核心收紧，腰部不能塌下去。

足球运动

球感训练

停球技术

踢球技术

盘带技术

战略战术

团队训练

守门员技术

热身及体能训练

手臂角力 >>

两个人头对头趴在一条水平直线上，进行平板支撑（也可以改为双手撑地，用俯卧撑姿势练习）。保持身体稳定，两只手轮流抬起，向前伸去，与对面的搭档击掌。练习持续 30 秒。注意，全程核心收紧，背部挺直；在击掌时身体可能会出现一些晃动，但还是要尽量保持身体的稳定。

俄罗斯转体 >>

坐在瑜伽垫上，屈髋屈膝，使膝关节呈 90 度；双脚开立与肩同宽，用脚跟着垫。双手握紧置于身前。下身不动，核心收紧，身体保持稳定，上身向两侧转动，手臂随之移至体侧。依次左右转体为一次，30 次为一组，间隔 1 分钟，完成两组。教练可以根据球员情况，让球员双手抱球，提高训练难度。

双腿臀桥 >>

扫一扫，看视频

仰卧在瑜伽垫上，膝关节弯曲，使双脚平行开立与髋同宽，踩在瑜伽垫上。双臂平放在身体两侧，或是交叉放在胸前。核心与臀部收紧，肩膀与双脚撑地，抬起髋部离开垫面，直到大腿与躯干呈一条直线。保持身体平衡，保持该姿势 3 秒，然后慢慢下落。重复以上动作，20 次为一组，间隔 1 分钟，完成两组。

足球俯卧撑 >>

扫一扫，看视频

01

俯撑，一侧手臂微屈，手撑在足球上；另一侧手臂伸直，手掌撑地。双腿向后伸直，与髋同宽，脚尖着地。

02

保持背部平直，核心收紧，慢慢屈肘，使身体下降，直至撑地手臂的肘部屈曲呈 90 度。然后快速向上推起身体至起始姿势。重复 15 次后，换另一只手撑在足球上，练习 15 次。

足球运动

球感训练

停球技术

踢球技术

盘带技术

战略战术

团队训练

守门员技术

热身及体能训练

俯卧上身抬起 》

俯卧在瑜伽垫上，双臂伸直放在头部两侧，掌心朝下，双腿伸直开立，与髋同宽。两侧肩胛骨向内靠拢，躯干伸展；后背发力，核心收紧，胸部抬离地面，直至双臂向前水平伸直，且肩膀与手臂在一条水平直线上。保持身体稳定，目视前方，保持该姿势3秒，然后慢慢下落。重复以上动作，20次为一组，间隔1分钟，完成两组。

哑铃 – 俯身后拉 》

01 双脚平行开立，与肩同宽，略微屈膝。背部挺直，屈髋向前俯身，直至背部与地面平行。双手紧握哑铃，让哑铃垂于肩关节正下方。

02 略微起身，肩胛骨回缩，双臂紧贴身体两侧，并向上屈肘，将哑铃提拉至腹前。稍做停留后，回到起始姿势，20次为一组，间隔1分钟，完成两组。

反向卷腹 >>

扫一扫，看视频

01 仰卧在瑜伽垫上，双臂放在身体两侧或向两边水平展开。保持头部与肩部着地，抬起双腿，屈膝屈髋，直到膝关节与髋关节都弯曲约呈 90 度。

02 保持身体稳定，核心收紧，屈髋收腹向上顶起，使臀部抬离地面，小腿与地面接近垂直，然后恢复起始姿势。20 次为一组，间隔 1 分钟，完成两组。

夹球卷腹 >>

01 仰卧于地面，手臂置于体侧地面，双腿夹球固定于地面。

02 双腿上举同时收腹，将髋部与背部抬离地面，将球举至头顶正上方。缓慢恢复起始姿势，20 次为一组，间隔 1 分钟，完成两组。

足球运动
球感训练
停球技术
踢球技术
盘带技术
战略战术
团队训练
守门员技术
热身及体能训练

第 9 章　热身及体能训练　271

单车卷腹 》

01 仰卧在瑜伽垫上，双臂自然放在身体两侧。腹部收紧，上身紧贴垫面，屈髋抬起双腿，直至双腿与地面呈 45 度左右。

02 一侧腿保持不动，另一侧腿屈髋屈膝，向腹部靠近。之后，屈膝腿向斜上方蹬直，回到起始姿势；同时另一侧腿屈髋屈膝向腹部靠近。双腿交替屈膝，1 分钟为一组，完成两组。

侧平板支撑 – 膝碰肘 》

01 侧撑姿，上方手臂向上伸直；下方手臂屈肘呈 90 度，使上臂垂直于地面，并用前臂与同侧脚侧面着地，将身体撑起。核心收紧，使身体呈一条直线。

02 保持身体平衡，上方手臂屈肘，同侧腿屈髋屈膝，使远离地面侧的肘膝相碰。稍做停留后，回到起始姿势，重复 20 次。换另一侧进行相同训练。

卧姿大腿内收 >>

扫一扫，看视频

01

侧卧在瑜伽垫上，上方的腿屈膝，使脚踩在瑜伽垫上，且位于下方腿的前面。下方的腿伸直抬起，略微离开垫面。

02

下方腿慢慢垂直向上抬起，直至最高点。稍做停留后，回到起始姿势，重复20次。换另一侧腿进行相同训练。

垂直跳 >>

扫一扫，看视频

01

背部挺直，双脚平行开立，大于髋宽，目视前方。屈髋屈膝向下蹲，直至膝关节弯曲呈90度，且脚尖与膝盖要始终指向正前方。保持该姿势2秒。

02

双脚蹬地，以深蹲姿势垂直向上跳起，并跳得尽可能高。落地时，前脚掌先着地，并略微屈髋屈膝进行缓冲。重复以上动作，30次为一组，间隔1分钟，完成两组。

足球运动

球感训练

停球技术

踢球技术

盘带技术

战略战术

团队训练

守门员技术

热身及体能训练

扫一扫，看视频

01~02 站在栏架右侧，面朝前方，背部挺直，右腿支撑身体，左腿屈膝抬起并后摆，双臂向上伸直举过头顶，掌心相对。准备好后，身体前倾，双臂后摆，同时右腿屈膝下蹲。

03 双臂快速上摆，随之起身，同时下肢肌群协同发力，右脚蹬地，伸髋伸膝，身体朝向不变，侧向跳过栏架。

04 右脚单脚落地。落地时，右腿屈膝缓冲，身体前倾，手臂随之后摆。停顿 2 秒后，身体恢复直立，回到起始姿势。重复 20 次，然后换腿进行相同训练。

> **注意** 起跳时，双臂要用力上摆，与蹬地动作相配合，带动身体向上跳起；腾空时，核心收紧，身体伸展，并保持身体的平稳；落地时，膝关节微屈以缓冲，并努力保持身体平衡。

双脚并拢在平地站好，双手叉腰，面朝前方。双脚起跳，依次向前、后、右、左各跳一步，使自己的移动轨迹大致呈十字形，最后跳回原位。跳跃时，双脚同时蹬地起跳，背部挺直，核心收紧，保持上身的稳定。落地时，前脚掌着地，并略微屈膝缓冲。此外，要保证自己动作的敏捷性，将空中停留时间和触地时间缩至最短。

足球运动

球感训练

停球技术

踢球技术

盘带技术

战略战术

团队训练

守门员技术

热身及体能训练

作者简介

代斌

首都体育学院运动训练专业足球项目学士，北京工业大学数字体育硕士；北京工业大学优秀青年教师；中国足球协会 D 级教练员、国家一级社会体育指导员；北京市大学生体育协会飞盘分会副秘书长；主持中国教育学会"十二五"规划重点课题《学校教育最优化实验与研究》子课题；参编《中小学生足球教材》《青少年田径教学训练大纲》；主编《奥林匹克百科知识丛书：拳击》、"青少年快乐阅读系列"图书；在足球、田径、体育科技等领域的刊物发表学术论文多篇；长期从事青少年足球、毽球、飞盘等项目的一线教学工作，具有丰富的体育教学经验。